大丈夫。きっとなんとかなる

愛蔵版

こころがホッとする考え方

すがのたいぞう〔著〕
matsu
（マツモトナオコ）〔絵〕

PHP研究所

はじめに

悩みや落ち込み、そしてこだわりの中で停滞《ていたい》している人々がいる。たとえ、自分の抱えているものがささいなことだとしても、ちょっとしたことであったとしても、心というのは悩みやすくできているのだからしかたない。長い人生には何度もスランプのような時期があるものだし、いまは休むべきときだと考えて無理をしないのがよろしい。

けれども、ちょっとしたことで悩みやすいということは、逆に考えると、ちょっとしたことで元気にもなるということだ。

そういうわけで、ものの見方や考え方がちょっと変わるだけで、心に元気が出てくるようなことがたくさんある。この本は、そんな「ちょっとしたこと」をぎっしり詰め込んだ、私なりの「心の処方箋《しょほうせん》」の集大成である。

ただし、「ちょっとしたこと」とはいえ、そうばかにしたものでもない。ここに書かれていることは、心理カウンセラーである私が、多くのクライエントの方々との面接を通して学んできたエッセンスであり、リアルでとても創造的な知恵だからだ。

それは世の中の一般的な常識ではなく、いわば「こころの常識」である。すべての人とまではいかないまでも、かなりの人々のニーズに応《こた》えることができるだろう。何しろ、教えてくれたのはクライエントの方々なのだから、折り紙付きである。

しかし、それはやっぱり「ちょっとしたこと」なのである。

著者

[愛蔵版]こころがホッとする考え方　目次

第1章 こだわりを捨てればラクになる

第2章 自分を見つめ直してみる

第3章 人とのつき合いで苦しまない

第4章 心が重たくなったときには

本書は、二〇〇〇年八月にすばる舎より刊行されたもの(二〇一〇年にPHP研究所より文庫版を発行)を大幅に再編集したものです。

第1章

こだわりを捨てればラクになる

友だちはたくさんいなくてもいい

一般的に、友だち、人間関係はできるだけ豊かなほうがいいとされている。

そういう風潮もあるので、自分は友人の数が少ないのではないだろうかと不安がっている人は多い。実際、明らかに友人が少ないことを自覚している場合は、そのことに引け目を感じたりもするだろう。

しかし、もともとやたら社交的な人もいるし、人づき合いが苦手な人もいる。おしゃべりな人もいれば、無口な人もいる。集団が好きな人もいれば、一対一でないと自分を出せないという人もいるのだ。そういうのは気質というもので、あまり変えようがないのである。

それは幼稚園の庭をちょっと覗《のぞ》いてみるだけでも明らかだ。他の子どもと一緒にはしゃぐ子がいる一方で、一人片隅で砂遊びをしている子どももいる。そういう子は一人でいるほうが気

がラクなのである。そういう子に「友だち百人できるかな」と言うのはほとんど拷問《ごうもん》に近い。こういう子は、数は少なくても、気の合った友だちがいれば、それで満足できるのである。

人間関係が「豊か」であるというのは、量の問題ではない。友だちがたくさんいるかどうかではなく、その友だちとの関係の質が問題なのである。資金のあるうちは人が寄ってきて派閥を築ける政治家も、ひとたび問題を起こして失脚すれば、もう誰もついてこなくなる。それと同じで、自分がピンチのときにこそ、その人間関係の質が明らかになるものなのである。

だから、友だちは少なくてもいっこうにかまわない。周りの人がいくらたくさんの友だちがいるように見えても、本当に気を許している人はごく少数であると思って間違いない。たとえ仲のいい友だちが千人いると豪語《ごうご》する人でも、実際のところ、真に自分を理解してくれている人は、ほんの数人というところであろう。

だから、「友だちがたくさんいます」と言う人と、「友だちは数人しかいません」と言う人との間に、決定的な差はないのである。

「友だちは多いほうがいい」という思い込みに惑《まど》わされない。真に自分を理解してくれる人は、数人しかいないもの。

「おもしろい」か、「つまらない」かは自分しだい

仕事に対する愚痴《ぐち》にもいろいろあるが、「いまの仕事はつまらなくてさあ」とか「もっとおもしろい仕事がしたいなあ」というのはその典型である。愚痴ることは精神衛生上悪いことではないので、ときには人前でこういうことをぶちまけるのが健全というものだろう。

しかし、「いまの仕事がつまらない」と思っている人は、頭を冷やして少し考えてもらいたいこともある。「おもしろい仕事」っていったい何なのだ？　そもそも、「おもしろい仕事」とか「つまらない仕事」なんてものがあるのか？

以前、あるプロのスキーヤーが仕事以外では絶対にゲレンデなど滑《すべ》らないという話をしていたことがある。

彼は子どもの頃からスキーが好きで、それにのめり込み、数々の競技で名をはせ、その結果

好きな道で食っていけることになった。一般の人からすれば、うらやましい人生のように見える。しかし、いくら好きなことでも、仕事になってしまうと、それなりの苦労や努力、嫌なこともつきまとってくるのだ。ゴルフをするにしても、仲のいい友だちとやるゴルフと取引先との接待ゴルフでは、楽しさが天地ほど違うのと一緒である。

このようなことから導き出されることは、「おもしろい仕事」や「つまらない仕事」というものは、この世に存在しないのではないか、ということである。

「おもしろい」「つまらない」というのは、自分の心の中で起きている感覚なのである。あらかじめ仕事そのものに含まれている属性ではない。それなのに、私たちはついつい、「つまらない」理由を仕事自体のせいにしたがる。

人はそういう言い方をすることで、自分のプライドを守ろうとしているのかもしれない。実は、仕事をおもしろくするのも、つまらなくするのも自分自身であるのに。

要は心の持ち方の問題なのだ。自分しだいで仕事はおもしろいものにもなり得る。そう考えなければ、仕事はますますつまらないものになるだろう。

「おもしろい」か「つまらない」かは最初から決まっていない。仕事を「つまらない」にしているのは、自分自身。

マイナス思考も悪くない

目の前においしそうなジュースが半分入っているコップがあるとする。運動をして汗をかいた後で、それを見たらどう思うだろうか。「半分もある」と思うかもしれないし、「半分しかない」と思うかもしれない。「半分もある」と思えれば幸福であるし、「半分しかない」と思えばちょっとがっかりである。

一般に、「半分もある」と思うのがポジティブシンキング（プラス思考）というもので、「半分しかない」はネガティブシンキング（マイナス思考）ということになっている。そして、ネガティブはよしなさい、いつでもポジティブでいなさいとよく言われる。

どこかの医者や心理学者がそんなことを言っているのだろうが、それはあまりにも能天気な考え方というものである。そんなことは、状況しだいでいくらでも変わるものだからである。

考えてもみよう。砂漠の真ん中に置き去りにされ、水筒に半分の水があるのを「まだ半分もある」などと思う人間は、よほど生きる知恵がない人間なのである。こういうときには、「もう半分しかない」と考えなければ、生き残ることはできない。

つまり、ネガティブな考え方もときには有効であり、むしろネガティブに考えなければいけないときさえあるのだ。もちろん、悪い考え方だと一方的に決めつけるべきものではないのである。

人間の性格は、根アカがよくて根クラはよくないと言われるのもこれと一緒だろう。陰と陽、正と邪、ナイスショットとチョロ・ダフリなど、人間、両面備えているのが、バランスがとれていてよろしい。問題は、一方からの見方しかできなくなり、片方を排除してしまうことにあるのだ。

冬至《とうじ》とはどんな日か？　と問われたとき、「一年で昼が一番短い日」と答えるのが普通である。しかし、「夜が一番長い日」という答え方もある。どちらも正解なのである。その上で、「一番夜遊びができる日だ。うれしいな」となれば、レベルの高いプラス思考と言えるだろう。

「マイナス思考」が役に立つこともある。陰も陽もどちらも必要。

ストレスと仲よしに

「ストレスはまったくありません」と言う人もいるが、よほどの例外であり、ある意味、現代人としての資格がないのかもしれない。一日に何回かため息をつき、一年に最低一回くらいは「会社なんか辞めてやる！」「学校なんかやめてやる！」「あんな亭主（女房）とは別れてやる！」とシュプレヒコールを上げるくらいは、正常な反応というものだろう。それどころか、

「実は、胃潰瘍《いかいよう》になっちゃってさあ」

と、あるカウンセラーが話しはじめる。

「自分でもびっくりしたね。特にひどいストレスがあったとも思えないんだけど、まあ、知らない間に無理があったとしか言いようがないな」

しかし、どこかうれしそうで快活な雰囲気なのである。それを指摘すると、

「いやあ、胃潰瘍はいいね。何かさ、自分の繊細《せんさい》さが証明されたみたいで」

自慢しているのである。胃潰瘍になるのはストレスで破綻《はたん》している証拠だけれど、彼はそれを逆手《さかて》にとって自分の善人ぶりを大いにアピールしているわけである。

なおかつ病気をすると「疾病利得《しっぺいりとく》」というものが付録としてつく場合がある。「疾病利得」とは、病気やけがをすると、周囲の人々が気遣《きづか》ってくれたりして何かと得をすることである。古い世代なら、小さい頃風邪を引いたときだけバナナを食べさせてくれた、という思い出があるかもしれない。また、病気明けの出社や登校のときには、周りの人が体調を気遣ってくれたりする。それはなかなか心地よいものなのである。

おおよそストレスまみれの現代ではあるけれど、そのストレスを楽しむのも一興であろう。会社などでも、誰が一番ストレスを被《こうむ》っているのか、大会でも開いたらどうか。「山田課長、二年越しの胃潰瘍で優勝！」とか、「失恋続きの鈴木さん、惜《お》しくも涙！」とか、ばかさ加減でもって日頃のストレスを自家薬籠中《じかやくろうちゅう》のものにしてしまう。そして、周囲の人々の犠牲《ぎせい》になってストレスをため込んでいる人をねぎらうのである。

生きていればストレスはつきもの。いっそ、楽しんでみてはどうか。

「リフレーミング」で心が変わる

井戸の中にいる蛙《かえる》にとって、その井戸の中が世界のすべてである。

同じように、私たちがものを考えるときも、あらかじめできあがっている思考の枠組み（フレーム）があって、いつもその囲《かこ》いの中で考えている。たとえば、戦前の教育を受けた者と戦後の教育を受けた者では、さまざまに考え方が異なる。意見が対立することもあるだろう。それは、どちらがいい悪いということでなく、それぞれの枠組みの中で「正しい」とされることを言い合っているに過ぎない。

どんなことであれ、斬新《ざんしん》だと思える考えとは、その枠組みの外から来ている考え方と言うことができる。そうしたものを取り入れることにより、これまでの枠組みが違うものになっていく。私たちのものの考え方が進歩したり、視野が広くなるというのは、結局枠組み自体が変化

したり、入れ替わったりしていることを指すのである。

カウンセリングがめざしていることをひとことで言い表すならば、「問題と向き合うクライエントの認知の変化」であると言える。これはまた、「枠組みの変化」と言い換えることもできる。

そこで、カウンセリングでは、意図的《いとてき》に枠組みを変える、あるいはズラすという手法がとられる。これは「リフレーミング」と呼ばれている。

たとえば、「私は臆病《おくびょう》な性格なんです」といつも自分を責めている人がいる。「臆病」というのは、おそらくこの人の性格の一部を表しているに過ぎないのだが、フレーム（枠組み）が固定されてしまっていると、「臆病」な部分にしか思いが及ばなくなり、そのことで自分を縛《しば》りつけてしまう。そんなとき、たとえば「あなたは（臆病かもしれませんけど）慎重な方なんでしょうね」という違う枠組みを提出してみるのである。

このリフレーミングが成功すれば、「臆病」に拘泥《こうでい》していた自分とは違う自分が見えてくる。人の心というのは、こんなささいなことで大きく変わってくるものなのである。


自分がとらわれている「枠組み」を変えてみると、違う自分が見えてくる。

初心にとらわれないように

「初心忘るべからず」。これは、物事をはじめたときのあの初々《ういうい》しい気持ちを忘れずに、慢心《まんしん》することのないようにと私たちに忠告してくれる、ありがたい言葉である。確かに、時が経つと、ほとんどの人はいつのまにか最初の頃の気持ちが薄らいでしまうものだ。その意味では、この言葉はいつの時代も変わらず、効力を発揮するものだろう。

カウンセリングの場では、初心を忘れてしまったことを嘆《なげ》く人も多い。

「大学に入った当初は、語学もやろう、こんな資格も取ろうと思ってたんですけど、いつのまにか周りに流されてしまって、サークルで遊びほうけてばかりになってしまいました」

「会社に入った頃は、同期で勉強会をやったり、いつか独立するための力を身につけたいと思っていたんです。でも、仕事が忙しくて、それに追われて時間がなくなって、そしてその時間

がないことを言い訳にして、流されるように毎日を過ごすようになってしまったんです」

「結婚した頃は、がんばって主人のために家事をきちんとやろうと思ってたんですけど、何年も経つと、適当にやっておけばいいわっていう気分になっているんです」

彼らはこのようなことを言い、初心を忘れてしまった自分を嫌悪し、後悔するのである。

しかし、カウンセラーは思う。時が経てば、初心は忘れるものなのだ。時が移ろっていけば状況は変わるのである。当然自分の心も、相手の心も変わる。変わらないほうがおかしいのだ。変わらないとすれば、進歩がないのと同じことではないか。ならば、もとの自分に戻ろうとすることはない。そのような変化に合わせた次の自分になればいいのだ。

初心は忘れてしまってもかまわない。そのときの状況に合わせて、次の自分になればいい。

失敗が人を強くする

カウンセリングを受けに来る人の特徴として、失敗をひじょうに怖れていることが挙げられる。人前で緊張するとか、何事をするにも自信がないというような場合も、その例にもれない。「人前に出ると、緊張してしまって、自由にふるまえないんです」「思い切ったことができないんです」「言いたいことが言えないんです」と言う人である。彼らは、人前で自分が失敗したり、みっともない自分をさらけ出してしまうことを極端に怖れている。

こういう人の話を聞いていると、この人は過去によほど嫌な失敗経験があって、無様《ぶざま》な思いをしているのだろうと単純に思うかもしれない。ところが、おもしろいもので、いろいろと話を聞くと、この人たちのほとんどは、実際に打ちひしがれるような大きな失敗をしたとか、と

てつもなく恥ずかしい体験をしたということはないのである。

このあたりが、人の心理の実際というものなのだろう。彼らは失敗した経験がトラウマになっているのではなく、むしろ巧妙に失敗を避け続けてきたからこそ、いまでも失敗することの不安から逃れられないのである。

誰だって失敗したいとは思わない。人前でいいところを見せたいし、みっともないところは見せたくない。でも、そういうふうに結果ばかりを考えていると、何かをやろうと思っても、何一つ行動に移せない。

失敗しようと思って行動するわけではないのだから、もう少し気楽にやってみたらと進言したいところだが、「頭ではわかっていても、そうはいかないんですよね」となる。その通りなのである。結局、何度も痛い目を見ないと、そういう不安は振り払えるものではないのだ。

自分は失敗ばかりしている、と嘆いている人もいるだろう。しかし、実は、そういうほろ苦い経験、みじめな経験をすることによって、失敗への不安は減少し、その後の行動力が培《つちか》われることになるのだ。


失敗を避けていると、失敗への不安から逃れることができない。

趣味がなくてもかまわない

うつ病や心身症を患《わずら》う人の中には、「趣味と呼べるものはまったくありません」と言う人がときどきいる。当然そうなると、自分のエネルギーを傾《かたむ》けるものは、仕事や勉強だけになってしまうことになる。

そのことを心配して、「何か趣味を持つのがいい」と親身にアドバイスする医者やカウンセラーも多い。確かに趣味があればそれに越したことはないが、大きなお世話と言えなくもない。中には、「やっぱり何もしないのはよくない。趣味を持つべきなのかな」とアドバイスに素直に従って、毎朝義務のようにジョギングをしてしまう人もいる。

しかし、こういう人に限って、多少の熱があったり、雨が降っても、走らなければいけないんじゃないかと思ってしまう。楽しい趣味であるはずなのに、つらい仕事になってしまうわけ

である。

　無趣味な人は無趣味なままでもいいのである。無趣味だからといって劣等感を抱く必要もない。趣味を持っていることをとてもいいことだとか高級なものと考えているような世の雰囲気を、無視してもらいたいものである。

　どうもこの世の中は、「趣味に生きる」ことを強要している雰囲気があるのだ。本業以外でも、何かをやっていないといけないのではないかと強迫的になってしまっているのではないか。

　しかし、趣味というものをもっと広い範囲で考えてみてほしい。それは、自分にとってラクなこと、リラックスできること、楽しいことであればいいのだ。そういう時間があれば、それだけでいいのである。

　休みの日はゴロゴロとしているのが一番だと思えば、何もしないでゴロゴロするのがいいのである。ついでに言えば、「趣味はゴロゴロすることです」「何もしないことです」と堂々と言えるようになれば、もっといいかもしれない。


趣味とは自分のためにするもの。自分にとってラクで楽しければ、どんなことでも「趣味」になる。

最悪を「覚悟」できるか

人生は楽観的に生きたいものである。そのほうがやっぱり楽しいからだ。

ところで、楽観的と言われる人、思われている人が、心《しん》から楽観的、楽天的なのかというと必ずしもそうではないのである。自分は物事を悲観的に考えてばかりいるから、あんなふうになりたいと憧《あこが》れる人は多いが、そのほとんどの人は肝腎《かんじん》なところが見えていない。

楽観的・楽天的な人にも二種類あるのだ。中には悲観的な人以上に、物事を悲観的に考える人もいるのである。

何かをするとき、「うまくいかないかもしれない」と考えれば、なかなか行動に移せないのが普通である。自分が悲観的と思っている人のほとんどは、そこで躊躇《ちゅうちょ》していることだろう。

しかし、「うまくいかないかもしれない。でも、それでもかまわない」と思えれば行動に移せ

る。これはハナから物事が「うまくいく」「何とかなる」と考えているような楽観性とは違うのである。

こういう人は、実はひじょうに慎重であって、何かをやるときには、いつも最悪の事態になることを考えているのである。弱気と言えば、かなり弱気なのである。

けれども、たとえばスポーツ選手には、こういう繊細さが必要とされるだろう。頭まで筋肉でできているようなイケイケ気質の選手は、結局一流にはなれない。あるゴルフ記者が、「トッププロほど驚くほど臆病なんですよ」と言うのを聞いたことがある。そういうものだろう。

いつも最悪の事態を考えるような、悲観的な見方を持つことは、その人の個性というものかもしれない。その慎重さは悪くない。しかし、問題はそこから先のことだ。それは、最悪の事態が起こることを「覚悟」できるかどうかである。

「そういう結果になってもいい。しかたない」

そう思えるかどうかが鍵《かぎ》なのである。

これこそが能天気ではない楽観というものであり、後悔しない考え方というものなのだ。

「うまくいかないかもしれない。それでもかまわない」と覚悟して実行する。それが後悔しない生き方。

自分の選択に誤りはない

よく自分の優柔不断さを嘆く人がいる。

優柔不断な人というのは、喫茶店に入っても、コーヒーにしようか紅茶にしようか、そんなことでも迷ってしまう。

しかし、そういう自分を嘆くことはない。なぜなら、何かを決めるときに、スパっと決められるほうがおかしい、そう思ってもいいからだ。「優柔不断」と言うと聞こえが悪いけれども、要するに慎重なのである。安易な結論は出さないぞという気持ちが強いのかもしれない。

コーヒーにしようか紅茶にしようか迷うのも、どちらも魅力があるからであり、一方に決めれば、もう一方の魅力が下がるわけでもないからだ。コーヒーを選び、それを飲みながらも、ああ、紅茶も捨てがたかったなあと思う。何かを選択した後には、必ずそういう心の不協和が

待っているものであり、それは心の仕組みとして当たり前なのである。

「決まり事は五十一対四十九のことが多い」

これは心理学の某先生の名言である。

そして、ほとんど差がつかないくらい拮抗《きっこう》していても、私たちは、四十九よりは五十一のほうを選ぶものである。あれこれ迷いながらも、自分なりに足し算引き算をして、どちらかよいと思うほうを選択するものなのである。そのとき決して自分に不利になるような道を選ぶことはしない。特に、大事なことであればあるほどそうなっていく。

つまり、何かを選択するに当たって、誰も「誤った選択」をすることはないのである。それを「誤り」と思うのは、一〇〇％の「正解」があると考えているからであろう。しかし、その考え方こそが「誤り」と言えるのだ。

だから、どんなに悔《く》やんでいようと、あなたの学校選びは間違っていないし、会社選びも間違っていない。もちろん、結婚相手の選択も間違っているはずはないのである。人生は選択の連続だが、誰も間違いは犯しようがないのである。

選択で迷うことはある。それでも「よいほう」を選ぶようにできている。

「後悔しない失敗」をめざす

いつになっても過去の失敗にこだわる人がいる。「いつまでも引きずってしまう」タイプと言われたり、「くよくよする」性格と言われるような人々である。

しかし、カウンセラーの考え方はちょっと違うのである。失敗を「引きずってしまう」のは、その人がそういう性格だからということではないし、それどころか、そんな性格などないと断言しよう。それは、失敗を「引きずってしまう」と言う人のことをよく観察してみるとよくわかることである。

野球を例にとってみよう。ある投手がピンチの場面でそこに回ってきた強打者を歩かせようとしていたとする。しかし、その意図とは別に、たまたまピッチャー有利なカウントになった。そのとき投手はにわかに色気を出してしまい、勝負に出た結果、ホームランを打たれてし

まった。彼はそのことを引きずったのか、次の打者にも痛打され、交代させられた。その後、このピッチャーは長いスランプに陥《おちい》ってしまった……。

このような場合であるが、仮に、この投手が、「僕は失敗を引きずってしまう性格なんだ」と考えているとすれば、それは大きな間違いなのだということである。

彼は、「引きずりやすい性格」をしているのではなく、「引きずりやすい失敗」をしているのである。このような失敗であれば、彼ばかりでなく、誰だって「引きずってしまう」ものなのである。それが「自分の性格だ」とまで意識されてしまうのは、いつもいつも同じような失敗を繰り返しているからだろう。

そこで考えるべきことは、引きずらないような失敗のしかたを学ぶことである。先の例で言えば、一度歩かせると決めたのなら、それに従うことなのである。勝負すると決めたのなら、あくまで勝負する。そうした決意で行われれば、その結果に後悔することはあまりないのだ。

どんな場合も、結果がどう出るかはわからない。しかし、後悔しないような失敗をめざすことはできるのである。

失敗はなくならない。それでも、「後悔しない選択」をすることはできる。

「いま」を生きよう

カウンセリングを受けに来る人の中には、過去のことにずっとこだわり続けている人が多い。

「あのとき、こうしていればよかった」「あのとき、あんなことをしなければよかった」あるいは「昔はよかった」。

中には、人生の時間が止まってしまったような人もいる。何十年も前のことにひたすらこだわり、その「補償《ほしょう》」を求めているのである。

そうかと思えば、先々のことが心配でしかたないという人もいる。

「こんなふうになるのが心配だ」

「こういうことが起きたらどうしよう」

いつも先のことばかり考えているのである。そして、何とか安全な未来はないものかと、その「保証」を求めているのである。

もちろん、いずれのケースも、カウンセラーとしてその気持ちはわからないではない。

その方向は両極端だが、彼らに共通しているのは、等しく現在を生きていないということである。過去にこだわること、未来にこだわることで、現在をどこかの片隅に追いやっているかのようだ。つまり、現在を忘れるためにそう考えているようにも思われる。

それはそれで精神衛生上悪いことではない。しかし、それは幸せなことでもない。

それはたぶん、彼らの現在が充実していないことが原因であろう。現在が充実していなければ、人はそれ以外の時間に逃げ込むしかない。しかし、現在に生き、それを充実させていれば、どのような忌《い》まわしい過去であっても「そんなこともあったね」で済むようになる。現在がよくなれば、不安な未来であっても「そのときはそのときさ」という考えになれるのだ。

過去にどんなことがあろうが、未来がいかに不安に満ちていようが、いつも「いま」を生きていることを手放してはならない。

過去にこだわっても、未来を心配しても幸せにはなれない。「いま」を生きることで、後悔や不安を乗り越えられる。

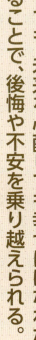

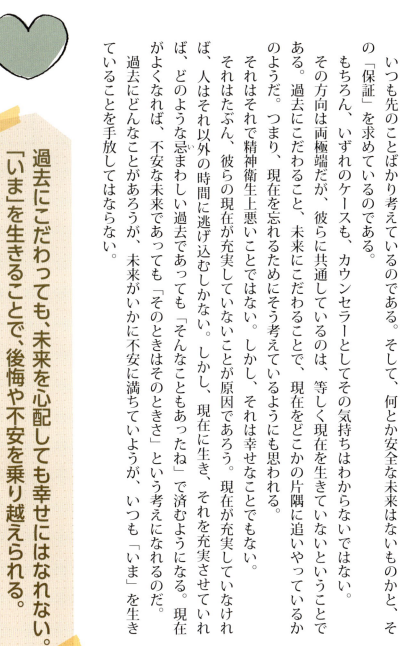

もっと自己表現してみよう

代表的な心身症の一つに、緊張や不安でお腹の具合が悪くなる過敏性大腸症候群というのがある。K子さんがそうで、通勤電車に乗るのが不安でたまらず、ついつい遅刻や欠勤が多くなっていた。気になることを尋ねてみると、直属の上司が好きでないことがわかった。K子さんに言わせれば、「ねちっこい」「はっきりしない」「常識に欠ける」人だという。

「その上司に何か一つだけ言いたいことがあるとしたら、何ですか？」

「うーん、『はっきりしなさい！』ですね」

「なるほど、試しにここで言ってみましょうか」

「わかりました。『○○さん、はっきりしてください！』」

そう言った直後、K子さんの表情はちょっと晴れ晴れとした感じになった。

これですべてが解消するわけではもちろんないが、言いたくても言えないことを言うこと、表現することで何らかの変化が起こることもある。逆に言うと、私たちは自分を表現しないことには、何も変わりようがないのである。

泣くことも怒ることも愚痴ることも大事な感情表現であるし、カラオケで歌うことも立派な表現活動なのである。何でもいいから外に出すこと、ウンコもオシッコも、とにかくたまっていたものを出すことはすべて気持ちがいいのである。

そこで、過去の気になる人間関係のエピソード、小さい頃にいじめられた相手とか、好きだったのに告白できなかったあの娘とか、嫌なこと楽しいことを織り交ぜて、あらん限りの人々を思い出してみよう。そのとき自分は彼らになんと言いたかったのか、それを口に出してみる。あるいは、いまの自分ならなんと言うだろうか、それも考えてみよう。ただし、できればそれを聴いてくれる人がいるほうがいい。

人間についての定義は数々あるが、カウンセラーは「表現する」動物であると思うようになってきた。私たちは、自分を表現しないとやっていられないのではないだろうか。

言いたいことを言ってみる。たまっているものを外に出すことが大事。

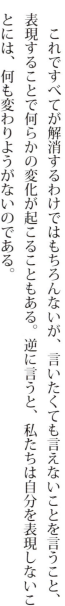

評価は低いぐらいがちょうどいい

「人にどう見られているのか」「どう評価されているのか」……。

これらは人の心を不自由にしてしまう意識だ。社会の中にいる限り気にせざるを得ないのだが、その意識があまりに大きくなると、とても邪魔なものになってくる。

これがいわゆる「自意識過剰」の状態である。若い人はこうした状態に陥りやすいので、このことがよく話題になる。しかし、中年になっても上司からどう見られているか、部下からどう見られているか、そんなことばかりが気になってしまう人も多い。

こういうことが気になるのは、自分がどういう人間なのか、それが自分でもはっきりしていない場合に起こりやすい。心理学的には、「自己概念」とか「自己イメージ」が明確でないという言い方がある。その中身はともかく、「自分とはこういう人間なんだ」ということが明確

になれば、あまり気にならなくなるということだ。

自意識を支えているのは、人からこう思われたいという自分の欲望であるから、手強《てごわ》い敵である。誰でも人からよく見られたいし、嫌われたくない、高く評価されたいと思っている。しかし、がんばってよく見られようとすることが負担になってしまうこともある。

あるカウンセラーは、ときに「変人療法」を試みる。

この療法の到達点は、「どうせ、○○さんのことだからしかたないよ」と周囲に認知してもらうことである。

この境地にいる人は、他の人から余計な期待はかからないから、気楽になれる。「まあ、○○さんのことだからね」で許してもらえるのである。もちろん、本当は時間に正確だったりするのだが、仮に遅れるようなことがあっても、いかにもそういうタイプだからダメージは少ない。

要は、どう見られるのもいいが、そのイメージが中途半端だと厄介《やっかい》なのだ。もっとはっきりしてしまえば、みんながラクになるのである。


「人からよく思われたい」という欲望が自分を苦しめる。評価を下げることで、ラクになることもある。

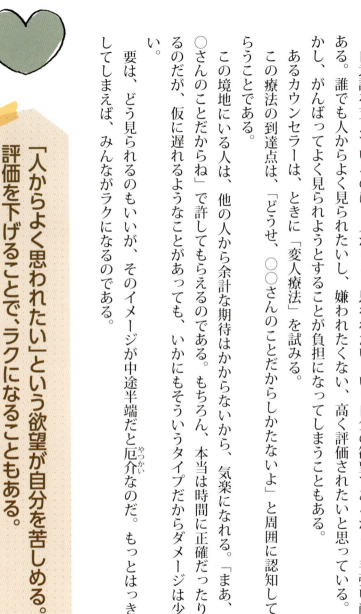

いまいる場所がすべてじゃない

「私は五月にしか桜を見たことがないので、この季節に桜を見られるのはとても感動です」

四月のはじめ、北海道から東京に来た人が、うれしそうにこう言った。

こういう言葉に触れると、新鮮な気分になる。東京の人間が北国で五月に桜を見ても、ここまでの感慨《かんがい》はないだろう。桜が咲くことは春の訪れを意味するわけで、北海道の人にとっては一足早い春を味わうことになるのである。

それにしても、テレビで観る桜は別にして、多くの人は、自分の住んでいる地域、都道府県以外の桜を見たことがないのではないだろうか。

東北や北海道は別だが、桜の咲く季節はちょうど年度のはじまりであり、学校や仕事があれば、そこを動くことはあまりないからだ。転勤や転校もなく、ずっと同じところに住んでいれ

ばなおさらである。

「東京は桜の木がすごく多いですね」

わざわざ九州からカウンセリングを受けに来た人が、こう語ったことがある。その人が言うのだから確かなのだろう。しかし、東京の人間からすれば、そんなことは考えたことも思ったこともないのである。何しろ、他の地でじっくりと桜を見たことなどないのだから。

自分の住まい以外で桜の季節を過ごしたことがない人は、他の桜がどのようなものなのか知らない。けれども、自分の住む場所以外にも確かに桜の木はあり、花を咲かせているのだ。

それは当たり前のことなのだが、ときに私たちは、自分のいる場所だけを自分の宇宙として、そこに執着しがちになっているようにも見受けられる。まるでそこ以外は価値がないかのように思うこともある。

しかし、どこに行っても桜の木はあり、また違う花を咲かせている。そう思うと少し気がラクになる。いまの学校をやめても、いまの会社、勤め先を辞めても、誰かと別れても、どこかに転居になっても、春になればそこでまた桜の花を見ることができるのである。


いまいる場所を離れても、北国には北国の、南国には南国の花が咲いている。

図々しさも必要だ

ゴルフやボウリングをすると、いつもおもしろい現象に出合う。

「今日の調子はどう？」

と訊《き》くと、ほとんどの人が、

「いやあ、今日は調子が悪くて」

と答えるのである。いったいおまえに調子がいい日なんてあるのか、と聞き返したいくらい、おしなべて皆そうである。なぜ皆が皆、いつもそう言うのか？

おそらく、ほとんどの人は、ベストスコアが自分の真の姿であり、もっともよかったときが自分の実力が発揮されたときであると考えているのかもしれない。あるいはそう考えたいのだろう。それは錯覚《さっかく》だとどこかで知りながら、そう考えたいのであろう。

しかし、自分の実力というのは、平均的な達成度、アベレージにあるのだ。ベストスコア、ハイスコアというのは、特別な事態、たまたまうまくいったときのことなのである。過去に一度だけ英語で一〇〇点をとったとしても、それ以外の平均が五〇点なら、誰も「英語が得意だ」とは言わないだろうに。

人間とはなんと図々しい生き物だろう。けれども、人間は、そういうふうにして自分を誇大化していないと、生きていくのが苦しい生き物でもある。

うつ病になりやすいとみられる、いわゆる抑うつ的なパーソナリティの持ち主というのは、一般平均に比べて、かなりの程度、自分を客観的に、そして的確に把握している傾向があるという調査もある。自分をよく知っているというのは、一般には悪いこととは言われないが、内省的な傾向が強すぎて、そのぶん内にこもりやすくなるのだろう。自分に下駄をはかせながら生きるのは、自尊心を低下させないために必要な知恵なのである。

そういう意味で、ごく普通にはあまり自分の真の姿など知らないでもいいのだ。くれぐれも、そういう自分の鎧《よろい》を大事にしなければいけない。

自分を知りすぎるのもよくない。ちょっと下駄をはかせるぐらいがいい。

自己矛盾も人の本性

人の本性について考えるうえで、依存症の夫のことで悩んでいた奥さんとのカウンセリングの話を紹介しよう。もう十年くらい前のことである。彼女は、ひどいアルコール依存の夫との生活に疲れ果てていた。

聴くほどに悲惨《ひさん》な話である。もちろん酒は浴びるほど飲む。まともに働くことはできない。酔っては妻や子どもに暴力をはたらく。おおよそ典型的なパターンではある。

「今度こそまともになる、酒は飲まないともう何回誓ったでしょうか。そのたびに結局はダメなんですよね。お酒を飲まなければいい人なんですけど」

「いままで離婚は考えなかったのですか？」

「そりゃもう、何度も何度も考えました。実家からも友人からも、別れろと言われますし」

「では、どうしてそうなさらなかったのですか？」

「いざ、踏み切るとなると、なかなか決断がつかないんです。一緒にいてもダメだとわかっているんですが」

何年も一緒に暮らしてきたのだ。断ち切るに断ち切れない情やしがらみというものがあるのだろう。酒飲みの亭主とはいえ、どこかよいところを見出しているのかもしれない。話を聴きながら、カウンセラーはそんなことを考える。

しかし、夫婦に限らず、このような例は世の中にあふれているのである。つまり、たぶんほとんどの人は、どうなるのかわからない不安な未来よりも、どんなに嫌だと思っても、よく知っている現状を選ぶものなのだろう。文化的な影響もあるのだろうが、人は基本的に保守的で、大きな変化を望まないものなのだろう。

「あんな会社辞めてやる！」と言いつつ、何事もなかったかのように、今日も会社に足を運ぶ。それを矛盾《むじゅん》と言うなかれ。それも当たり前のあり方なんだろうなあと考えるとラクになるところもあるのだ。


「やめたい」と言いつつ、やめないこともある。人間とはそういうもの。

カウンセリングの現場から①

議論だけではつまらない

私たちカウンセラーの仕事の一つに、ケースカンファレンスといって、難しいケースや新しいケースにどのように対処したらいいのかを、カウンセラーたちが集まって議論し合うことがある。

そこでは、面接の担当者がプレゼンテーションを行い、フロアから質問や意見が出る。ここで一番肝腎なことは、クライエントのためには、どう対応するのが望ましいのか、それを議論することである。

そして、こういった席では、意見が対立する場合もある。異なる見解が林立し、対立するのはいいことだ。しかし、ときとして、自分が正しいということにこだわってしまうと、事の本質、場の本質が置き去りにされてしまう場合もある。主張の正しさにこだわるあまり、クライエントの利益が忘れられてしまうのは悲しい。

そこで徹底されなければいけないことは、カンファレンスをひたすらクリエイティブな場にするように努めるということだ。そういう意味では、楽しいものでなければならない。誰の見解が正しいとか正しくないということは、まったく問題ではない。ほとんどのことは、何が正解かはよくわからないことでもあるからだ。要は、それを通して、何かが生まれることが重要なのである。

たとえば、誰かの意見に口をはさんだり、難色を示したりすると、言われた人はそれ以上自由に発言できなくなってしまう。それを見ている他の人も「こんなこと言ってはまずいのではないか」「批判されるんじゃないか」と感じ取り、言いたいことが言いにくくなってしまう。

「それはちょっと現実的じゃないよ」「まだ君は経験不足だからねえ」

このように発言するのは、クリエイティブな姿勢からはもっとも遠い。しかし、世の中にはそういう会議や話し合いが実に多いのである。

つまり、望ましいのは「ブレーンストーミング」。その本質を皆が理解できていれば、どんな会議もクリエイティブなものになるのだ。

第2章

自分を見つめ直してみる

感情と上手につき合おう

「ムカつく」「キレる」というふうに、自分の感情をコントロールできない人が多い。「ムカつく」という言葉が流行《はや》ってから、ネガティブな感情表現が、すべて「ムカつく」の一語になってしまった。これは言語表現の貧困化を示している。一口に怒りと言っても、「怒る」「憤《いきどお》る」「頭にくる」「腹が立つ」など、実に多彩であり、それらは微妙に違っているのである。

自分がどういう気持ちでいるのかを自分で把握《はあく》することは、感情とつき合う基本であり、それができないでいると、すぐ「キレる」人になってしまうというわけだ。

幼い子が泣きわめくのは、つまりキレているのは、言葉を操《あやつ》れないからである。しかし、そんな子どもでも、「バカ」という言葉を覚え、それを使うことによって、相手をぶったりしないで済むようになるわけである。自分の感情、とりわけネガティブな感情をどのように扱うか

は、メンタルヘルス上、とても重要なことなのである。

　そこで、「感情日記」というものをつける方法もある。怒ってばかりの人なら、いつ怒ったのか、どんな状況で怒ったのか、その怒りはどのように収まったのかなどを毎日、日記につけるのである。すると、自分のパターンが見えてくる。

　感情日記をつけていたあるクライエントはこう言った。

「私が怒るときっていうのは、人から拒否されたと感じたときだと思います。私は、人が自分から離れていくのが淋しいんです」

「なるほど、あなたの怒りの底にはそういう淋しさがあるんだね」

「ええ、でも、最近少しは人とうまくつき合えるようになりました。ときどきムカっときたりもするんですけど、ああ、私はこの人から見放されるのが怖いんだ、ほんとは仲よくなりたいんだと考えるようになったんです」

　感情は複雑である。私たちの心の中では、いろいろな思いが錯綜《さくそう》している。その複雑さとうまくつき合っていくことは、また楽しいことでもあるのだ。

自分がどんなときに怒りを感じるのか、パターンがわかるとラクになる。

自分のことなど知らなくてもいい

「自分を知りたい」と言う人が多い。

何事かに行き詰まったりするときに、人はそういうことを考えるものなのだろう。しかし、自分のことにこだわるのもどうかなと思わないでもない。そもそも自分とは何かと考えたり、意識するのは、異常な事態なのである。

たとえば、普通自分の胃について考えることはほとんどない。自分の胃がどこにあって、どういう形をしているのか、などとはあまり考えないのである。空腹のときや、お腹がいっぱいになったときにはちょっと意識するかもしれないが、空腹が満たされたり、お腹がこなれてくれば意識しなくなる。

しかし、胃潰瘍や慢性胃炎などになると、自分の胃について意識せざるを得ない。そうなる

と、ふだんから胃のことを考えるようになる。今日の胃の調子はどうだろうか、どんな状態になっているだろうか……と考えるうちに、胃についてわかってくるのだ。

つまり、自分の胃のことをよく知っている人というのは胃が悪い人なのである。胃に限らず、内臓感覚というのはそういうもので、意識されていないのがよい状態なのだ。自分のことや人の心もそれと同じで、特に意識されていないのがよい状態なのである。

しかし、近年「自分探し」「本当の自分を知る」「自己実現」などの言葉が流行り、自分を探ることが高尚《こうしょう》なことのようになっているように見受けられる。これはとんでもない間違いで、カウンセラーとしては、「自分のことなどわからなくても、それはそれでかまわない」と言っておかなければならない。わざわざ自分を病的な状態に追いやることはないのだ。

ときに人は、ふと立ち止まって人生を考えるのと同様に、自分のことについても考えなくてはならないこともある。それはそれで大事にしてもらいたい。

しかし、そうやって自分を意識することが、実はもっとも不自然なあり方であることを知っておく必要もあるのだ。

「自分探し」などしなくていい。意識しないのがよい状態なのだから。

自分が下した結論を疑ってみる

「僕がこうなったのは、小さいときの親の育て方にあるんです」

「ほう、どうしてそう思うようになったんですか？」

「本を読んだら、僕は『アダルトチルドレン』に当てはまると思ったからです」

カウンセリングではこのようなやりとりがよくある。「アダルトチルドレン」もそうなのだが、親子関係に関する本というのは、かなり多くの人に当てはまるので、「自分もそうだ」と思う人は多いのである。なぜなら、家族というのは、叩けば叩くほどほこりが出るものだからだ。誰でも親との関係の中で、「このときはこうしてほしかった」と満たされない思いを経験するし、家族で自分が一番割《わり》を食ったように感じている人も多い。

そもそもそういう不満があるので、多くの人は「自分がこうなった」ことの原因や責任を探

し、そしてたとえば「親のせいだ」と決めつける。しかし、結局それは自分が望んでいる結論を探しているのである。人は、自分に関する問題については、正しい結論を求めるのではなく、自分が望む結論を求めているのである。

しかし、その結論に対して、「だから、何なの？」「で、どうするの？」と問われると、「さあ？」という返事になってしまうだろう。それは結論に安住しているからである。

大切なのは、まずその結論を疑うことだ。人から与えられたものでなく、もっとクリエイティブな姿勢で自分に向かおう。そこでカウンセラーは問いかける。

「あなたがいま、原因だと思っていること以外に原因があるとすれば、それはどのようなことが考えられますか？」

「……だと思います」

「なるほど、それ以外にはどうでしょう？」

これを少し繰り返せば、すぐに思い当たることはなくなるだろう。しかし、そこからが、考えることのはじまりなのである。

「○○のせい」という結論は、自分が「望んだ結論」かもしれない。

ゆっくり焦らず自分を変える

よく「自分を変えたい」と言う人がいる。

しかし、「三つ子の魂百までも」という言葉があるくらいのもので、人というのはそう代わりばえのしないものだ。特に思春期を過ぎ、もはや身体の成長も完全に止まってからは、精神的なもの、人格的なものにも急激な変化はなくなる。ある年齢、社会的立場になれば、それに見合うだけのまとまりある自分を獲得するからである。

その後に、急激な変化があるとすれば、それは、結婚、出産などライフステージ（人生のもろもろの段階、場面）の変化や、立場や役割の変化に伴うものであって、本人が変わろうと思って変わっているわけではない。人が変わるのは、多くの場合、必要に迫られてのことなのである。だから、必要に迫られないで「自分を変える」ことは難しいのだ。

どうしても「自分を変えたい」ならば、考え方を変えなくてはならないだろう。ダイレクトに自分自身に向かうのではなく、まず自分を取り囲む情勢や日常的なパターンに変化を与えることである。自分自身を変えるのではなくて、環境を変えるのである。それが「自分を変える」ことにつながる。

しかし、自分で試みる変化はたいがい遅々《ちち》としたものなので、変化の実感がわかない。そこで焦《あせ》る人も多い。長い間社会に出られないでいたクライエントは、カウンセリングに通うようになって数カ月、親戚の法事に出てこう気づいた。

「法事がちょうど五年前にもあったんですが、今回もそこにいる人がまったく同じ顔ぶれだったんです。そうしたら、五年前といまとでは確かに違うことに気づいたんですよね」

焦ることはない。多くの人は「自分を変えたい」という気持ちが強いあまり、昨日と今日の違いを求めてしまいがちである。そして変わらない自分を責める。しかし、一年前とはどうか、三年前とはどうか、できるだけ長いスパンで見てみよう。そうすれば、必ずどこか変化しているものなのだ。そして、変わらない部分はどうあっても変わらないものなのである。

自分を変えるのは難しい。
内面でなく、環境や行動パターンを変えてみよう。

自分は本当に被害者？

カウンセリングに来る人のほとんどは、自分の過去を悔やみ、そしてそれを何とか清算したいと考えている。いまの自分があるのは過去からの積み重ねであるから、過去を何とかすれば、いまの自分も変わると思うのだろう。ちなみにこういう考えの道筋を演繹的《えんえき》と言う。

その考え方は、決して間違いというわけではない。ただし、「自分の過去がどう見えているか」ということを、もう一度よく考える必要もあるだろう。

小さい頃に、親から虐待《ぎゃくたい》を受けていたと訴える人が増えている。いまの自分の状況には、はなはだ不満足である。しかし、それを自分のせいにはしたくない。自分を悪者にはしたくない。そうなると、その理由を、過去に、親の育て方に求めるのは、ひじょうに都合がいいのである。誰でも自分は被害者だと思いたいのだ。

自分の過去を「不幸な過去」にしてしまうと、不幸な思い出ばかり掘り起こされる。

そういう人が催眠療法などを受け、あり得ない記憶を構築してしまう例がアメリカで頻発《ひんぱつ》した。たとえば父親にレイプなどされていないのに、レイプされたと思いこんでしまうのである。アメリカの裁判所はこの現象を重く見て、催眠療法を受けている人の法廷における証言は、無効としているほどである。

結局、たとえば「自分は親から愛情を受けなかった」「自分の過去は不幸だった」という総合的な思い（評価）が先行すると、その思いを強化するような記憶のかけらだけが残ることになるのである。ときには、事実でないことも「そんなこともあったような」気がするものであり、いつしか「そうだった」「そんなことがあったにちがいない」という確信に発展することもある。「そうでなければ、自分はこんなふうになっていない」というわけである。

「ひどい親だった」という評価が先行すると、親の「ひどい」ところだけが掘り起こされる。本当は「ひどい」ところばかりでもなかったはずなのだ。しかし、前提がそうなっていると、悲惨《ひさん》な物語としての過去がつくられていってしまうのである。

もう一つの人生を持つ

あるコンピューター会社の課長さんが、自分の部下のことで相談に来た。優秀な部下なのだが、最近会社を辞めると言い出して困っている。何とか翻意《ほんい》させられないものだろうか、という相談である。

本人に会ってみると、実は仕事以外のことにも、いろいろと造詣《ぞうけい》が深い。「僕はこういう仕事をしていますけど、本当は文学や哲学に興味があるんです。でも、会社ではそういうことを話し合える人がいないんです」

なるほど。カウンセラーはそういう話も好きだから、彼の話を存分に聴かせてもらうことにする。彼は少し満足したようで、「辞めるのは、もう少し考えてからにします」と言った。

またあるクライエントは、まっとうな勤め人である一方、セミプロのミュージシャンでもあ

る。根が芸術家だから、普通に勤めるのはちょっと苦しい。しかし、こういった人のものの見方や考え方は、実におもしろいのである。この人たちは二足のわらじを履《は》いているからだ。

詩と絵で有名な星野富弘《とみひろ》さんは、事故がもとで首から下が動かなくなった芸術家である。そうなる前の彼は、器械体操が得意な体育の先生だった。もし星野さんが、体育の教師であり続けていたら、あのような作品が生まれることはなかったろう。そしてまた、彼が生まれながらの障害者であっても、それは成らなかったであろう。

星野さんの作品のすばらしさは、そのどちらの人生も生きているということから来ているように思える。しかも、身体能力を売りとする体育の教師としての自分と、まったく身体を動かせなくなった自分という、ものすごい変化の上に星野さんの作品があるのだ。

星野さんのようにとは言わないが、私たちが人生をより豊かにするためには、そうした異なるものを自分の中に共存させていくことが大切なのではないか。いまある「何々としての自分」、そこに何でもいいから「もう一人の自分」があるといい。それは「もう一つの人生」ということなのだ。

「もう一人の自分」を持っていると、人生はより豊かになる。

「健康病」に気をつけよう

いつの頃からか、ずっと健康ブームである。

カウンセラーはそれを「健康病」と冷ややかに呼んでいる。念のために言っておくが、大病を患った人などを揶揄《やゆ》しているのではない。彼らは命の大事さをよくわかっているからだ。

もちろんそういう人は除くが、健康を気遣う人には、「健康は命より大事だ」と考えているのではないかと思わせる人もいる。要は強迫的になっている。不安が強い人でもあるのだろう。

たとえば、食べ物の摂《と》り方に、それはあらわれる。栄養分の違う食品を幅広く摂るとか、無農薬、自然食品でないと絶対に食べないというものである。

しかし、現代の社会状況、食糧事情であれば、どんなに偏食していると思われても、必要な栄養はほとんど摂れるのである。やれ、ビタミンがどうだ、食物繊維がどうだ、と神経質にな

る必要はほとんどないのではないだろうか。たとえば、メジャーリーグで大活躍のイチロー選手は、子どもの頃から大の野菜嫌いであると公言しているが、その彼は史上最高のプレイヤーになっているではないか。いつも神経質に野菜ばかりを食べようとしている人がいるとすれば、その人はその神経質さゆえに、自然からほど遠い食生活を送っているのである。

イチロー選手を見習えとは言わないが、野菜が不足してくれば、自然と野菜が食べたくなるものだろう。そうして自然の要求に従うことが、健康ということではないのだろうか。

添加物が入ったものなどはいっさい摂らずに、「安全な食品」しか食べない人がいた。何年後かに、その人は何もこだわらずに何でも食べるようになっていた。その人は、仕事の関係で、数年ロシアにいたのである。

「ああいう食糧事情のところで暮らせば、何だって食べられるものなら食べますよ。それまでの自分がばかみたい」

餓死《がし》の不安に脅《おび》えたことがあればわかる。何でもいいから食べられるのが幸せというものであり、それが健康な証拠というものだ。

健康に気を配りすぎて、不自然な生活になっていないか。

努力のしかたも人それぞれ

ものの食べ方一つにも、その人の特徴があらわれるものである。ラーメンで言えば、まず必ずスープから飲む人がいる。それも、レンゲを使って飲む人もいれば、器から直接飲む人もいる。麺からパクつく人もいれば、チャーシューからいく人もいるだろう。

同じように、仕事のやり方や進め方にしても、人それぞれである。コツコツと堅実にやる人もいれば、短時間で一気に片づけてしまう人もいる。

このうち、一気にやる人というのは、気が乗らないと何もしないような人であることもある。コツコツやる人を「農耕的」な人とするなら、こちらは「狩猟的」な人と言えようか。猟のときだけは懸命に能力を発揮するが、ひとたび獲物をしとめると、しばらくは何もしないで遊んでいるようなタイプである。これは、勉強などの場合でも同じであろう。

およそこのような二つの対照的なタイプが、世の中にはいる。そして、会社や学校で評価されることになるのは、どちらかと言えばコツコツタイプのほうではなかろうか。管理者としては、安心していられるからだ。

しかし、自分自身がコツコツタイプ、つまり「農耕的」である上司や教師が、ふだんは怠け者に見える「狩猟的」な人物を部下や生徒に持ってしまうと、イライラしっぱなしになることだろう。それも無理もない。言うことは聞かないし、態度がでかいし、何を言っても「のれんに腕おし」のような連中である。「あいつは、やればできるのに」と歯ぎしりさせるような人物も、たぶんそれに当たる。

しかし、それも個性というものである。「やればできるのに」という言葉には「まじめに」「几《き》帳面《ちょうめん》に」という言葉が隠されている。けれども、そのまじめさも人によって質が違うことを知らねばならない。彼らのまじめさや几帳面さは、いわゆる職人的なものではない。力を発揮するポイントが違うのである。そこをわからずに、自分のやり方を人に求めるのは、いかにも不毛なのである。

コツコツやるのが「正しい」とは限らない。自分のやり方を人に強要するのは不毛。

「今日が最後」と思ってみては

古い人が去れば、新しい人が来る。どのような場所にあっても、それは脈々と続く世の習わしである。とりわけ年度替わりの頃には、そんな様変《さまが》わりを見る機会が多い。ある程度の年月仕事をしている人ならば、人事の移り変わりをいろいろと見ているはずである。中でも、辞めるほうの人の様子を見ると、なかなか興味深いことがある。

今日が最後の勤めという日、彼らの仕事ぶりは明らかにいつもと違っていることが多い。特に終業時間が近づいてくると、いつもはしないような細々とした用事を片づけて、帰っていくことが多いのではないだろうか。

まあ、そういうものである。「立つ鳥跡を濁《にご》さず」という言葉にあるように、これで最後だと思えば、仕事ぶりが丁寧になるのも当然だろう。

しかし、その様子を見ている人は、ちょっとだけ、こんなことを考えるかもしれない。「いつもそういう気持ちでいてくれたらなあ」。

もちろん、それまでの彼らの仕事ぶりに不満があったわけでもない。けれども、その明らかな違いを見てしまうと、そんな思いを抱いてしまうこともあるのではないだろうか。

ガンなどの病気になった人の手記を読むと、多くの人は、それまでとは違う気持ちで毎日に臨むようになるということである。マンネリ化した日々を過ごしていると自覚している人であっても、もし自分の余命が幾《いく》ばくもないとわかったときには、その時間感覚はぎゅっと凝縮されるにちがいない。そして、一日一日をもっと大切に過ごすようになることだろう。

「毎日がつまらない」と言う人がいる。それは、充実した日々を過ごしたいという思いの裏返しであろう。ならば、「今日で自分は死ぬかもしれない」というくらいの気持ちで毎日を生きてみたらどうか。

こんな言い方は、あまりにも極端かもしれない。しかし、考えてみよう。人は誰でも、生まれたときから「この子はせいぜい八十年くらいで死にます」と宣告されているのではないか？

「今日で死ぬかもしれない」と思えば、かけがえのない一日になる。

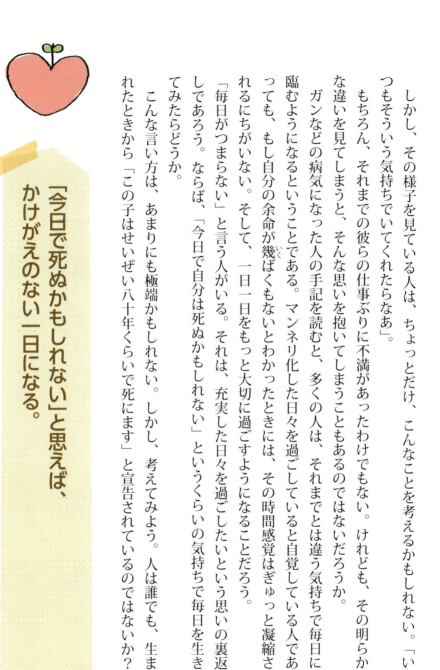

自分を活かせる場所を見つける

世の中には、自分の才能が認められていない、活かされていないと不満を抱く人も多い。「天才とは、一％の才能と九十九％の努力によっている」という言葉がある。これは、せっかくの才能も努力なしには開花することがないのだという訓戒《くんかい》になっている。つまり、努力を啓発する言葉なのである。しかし、そもそも才能とは何だろうか。それはその才能を活かす場を見つけられるかどうかにかかっているのではないか。さらに言えば、それを見つけるのが才能なのだと言えそうな気もする。

たとえば、自分の才能をフルに発揮していると思われている人に、専門家と呼ばれる人がいる。その多くは、「天才」でも「努力家」でもなく、自分がそこでしか生きられない場所に定住している人のことである。研究者などはその典型で、一般社会の中では何もできないろくで

なしになってしまう可能性がある。しかし、大学や研究所などの特別な場所に一生いることによって認められているのだ。

猿は森の中でこそ伸び伸びと生きられるが、平原や砂漠にいても、その持っている資質を活かすことはできない。あるいは、背も低く、さしたるジャンプ力も俊敏《しゅんびん》性もない人が、バスケットボールやバレーボールを究《きわ》めようとしても無理がある。そこは自分を活かせる場ではないからだ。そこで、何とかしようと努力するのは悪いことではない。しかし、そもそも「努力」というのは、自分にとって無理なことをしている行動であり、それは苦しみを伴うことである。

しかし、自分の場を見つけている人は、自分のしていることを「努力」とは思っていないだろう。才能とは自分を活かす場を探すことだと言ったが、とどのつまり、それは自分にとってラクな場所を見つけ出すことなのである。

誰にでも才能がある。それは適所を見つけることで明らかになるだろう。そして、適所とは、自分があまり無理をしないでもいられるなという感覚を持てる場所のことなのである。

才能を発揮している人は、自分を活かせる、自分にとってラクな場所を見つけた人。

何でもやってみなければわからない

人には「向き不向き」というものがある、と言われる。

つまり人には適性と呼ばれるものがあって、多くの人は「これは私には向いてない」とか「これは私に向いている」と考えているのである。それは自分というものをある程度、把握《はあく》しているからであろう。

中には、「自分の適性がどこにあるのかわかりません」と言う人もいる。自分に対する把握（自己理解）があまりできていないからである。しかし、「適性がわからない」というのは、「適性がない」ということではない。そんな人でも、何をやってもダメだということはないだろう。やってみれば、何でもそこそこできるという場合もある。

また、「向いている」と思っていたのに、実際にやってみると、自分には向いていないこと

がわかる場合もあるから、案外当てにならないものでもある。つまり、自己理解も、単なる思い込みに過ぎないこともままあるというわけだ。

たとえば、「人の上に立つのは向いていない」と考える人も多い。しかし、それはこれまで人の上に立つことを避けてきた結果であるとも言えるのだ。さしあたってそれは、「やってみなければわからない」ことなのである。そして、「向いている」「向いていない」「向いているのか、向いていないのかわからない」という結論にしても、「いままでのところは」という条件をつけておいたほうが確かであろう。

内向的で人づき合いが苦手だから、営業の仕事などとてもできないと考えていたクライエントがいた。彼は就職先で、営業マンとしての苦しい日々をスタートさせた。しかし、そのうち徐々に慣れてくると、案外自分にも外向的な面があることを発見するのである。

そういうものである。人には皆、苦手意識というものがあるが、いわゆる「食わず嫌い」と同じ原理がはたらいている場合が多い。機会と立場が与えられれば、いままで発揮されなかった能力が芽を出すことも多いのである。

「自分には向いていない」と思い込んでいるのは、自分が避けてきた結果かもしれない。

まずは外側から変えてみよう

よく「人間は中身だ！」なんてことを言う人がいる。

こういうことを偉そうに言う人に限って、いかにも中身がなさそうな感じなので、「そう言うあなたはどうなんですか？」と皮肉《ひにく》りたくもなるものである。

私たちは「自分を変えよう」とか「変えたい」と思うと、ついつい「中身」、つまり精神的な部分を何とかしなければいけないと考えがちである。しかし、そんな無理をしてはいけない。長いこと培《つちか》ってきたものが、そうそう変えられるわけもないのである。それに、自分がなおしたいところも、間違いなく自分の個性なのだから、生涯大事にしなくてはいけないのである。

変えるんだったら、まず外側を変えてみよう。それならあまり無理しないでもできる。

イライラしたら、ゆっくり歩く。暗い気分のときは、派手な服を着る。

たとえば、いつもイライラしている人がいる。そういう人ならば、ゆっくり歩くこと、ゆっくりしゃべること、ゆっくり呼吸することである。それを実践すればいいだけだ。中身を変えなくても、これが日常的にできるようになれば、イライラはなくなる。

暗い気分でいる人ならば、明るい服とか派手《はで》な服を着なさい。あるいは、無理にでも明るくふるまいなさい。笑えるものなら笑うのもいいだろう。少しは明るい気分になれる。

「悲しいから泣くのではない。泣くから悲しいのだ」

これは、心理学の一つの命題である。「楽しいから笑うのではない。笑うから楽しいのだ」とも言い換えられる。外側、あるいは「かたち」から入ることも大いにアリなのだ。

「そんなことを言われても、派手なスーツ着て会社に行くわけにはいきません」と言う人がいるかもしれない。それはそうだ。そういうときには、パンツだけでもド派手なやつにすればいいのである。

自分のルールをつくる

二者択一のテストでどちらが正解なのか迷ったときに、鉛筆が倒れたほうに決めるというのは、なかなかいいやり方である。しかし、Aのほうに鉛筆が倒れたものの、「やっぱり正解はBなんじゃないだろうか?」と再び迷い出してしまった、などという経験がある人も少なくないはずだ。

これを優柔不断な性格のせいだと考えるかもしれない。しかしこの場合、要するに、鉛筆が倒れたほうを正解とするというルールづけ自体が甘かったのである。どんなことがあっても必ず倒れたほうに従うという前提が弱かったために、迷いが生じてしまうわけである。

このように、もともとの規則がしっかりしていないと、その上にできる規則もあやふやなものになってしまう。したがって、自分の優柔不断さに悩んでいる人は、自分の性格をなおすと

いうことではなく、そのことを少し考えたほうがいいかもしれない。

　そこで、先のように、あらかじめルールを決めておくようにしたい。喫茶店で注文をするときに、コーヒーにするか紅茶にするか悩む人なら、片方は捨て、どちらかに決めておくのである。そうすれば、もう喫茶店に入るのも怖くない。

　すると不思議なことが起こる。コーヒーしか飲まないと決めていても、必ずどこかでは間違えて紅茶を出されてしまったりするのである。これは自分の意思でないから飲んでもかまわない。あるいは、しばらくすると、「いつもコーヒーばかりだから、たまには紅茶にしてみようかな」と、ごく自然に考えることができるようになる。

　このようなとき、人は「どちらがいいか」の呪縛《じゅばく》から解放されているのである。ルールは自分を縛るのではなく、むしろ自分を自由にもしてくれるのだ。

優柔不断な自分に悩んでいたら、悩まなくてもいいように、ルールを決めてしまおう。

小さな努力で世界は変わる

「なんで、学校に行かなきゃいけないんですか？」「なんで、勉強しなきゃいけないんですか？」と問われて、それに答えられる人はどれくらいいるだろう。カウンセラーもその答えを知らない。ときに、「学校なんぞ行かなくてもいい」と本気で言ってのける人たちがいる。それが医師やカウンセラーだとすれば、その罪は深い。学歴の恩恵《おんけい》にあずかっている者に、そういうことを言う資格があるのだろうか。

もちろん、学校や勉強ばかりがすべてではない。しかし、その片側の真実になだれ込み、ものわかりのよい大人を演じることの安易さ、子どもの人生を勝手に解釈し、横取りすることの不遜《ふそん》さということに思いを致したいものである。勉強することが大事だということも真実であり、また今後もそうあり続けることは間違いないのだから。

わかりやすい成果が出ていなくても、がんばった後に見える景色は違う。

勉強ではいつもビリのほう、「低空飛行」を続けていた高校生がいた。彼は、授業を聴いていても何もわからないが、しかし教室には入るという、いわゆる「お客さん」であった。そんな彼が、高三の夏休み、少し心を入れ替えたらしく、苦手な英語の勉強をしてみたのである。

「夏休みに、英単語を三百くらい覚えました」

「えっ、三百も！　すごいじゃないの！」

「それくらいじゃどうにもならないんですけどね。でも、三百覚えて世界が変わりましたね」

「ほう、どういうこと？」

「休み明けに試験があって、点数はやっぱりほとんど零《れい》点だったんですけどね、でも、いままではそこに何が書いてあるのかもわからなかったんです。でも、今度は、問題は解けなくても、それはかなりわかったんですよ」

なるほど、それは「世界が変わった」と言うにふさわしい体験であろう。山の頂《いただき》はまだ遠いかもしれないが、ちょっとでも上に登ってみれば、見える景色はずいぶんと違ってくるものなのである。

「何とかなる」が勇気をくれる

自分の好きな思いを相手に告白するのはたいへんなことである。それはありのままで無防備な自分をさらけ出し、相手に預けなければならないからである。ひとこと「ゴメンナサイ」と言われれば玉砕《ぎよくさい》、それで終わるのだ。

男としての、女としての魅力や価値、尊厳《そんげん》を相手に預け、はっきりと評価を下されてしまうのである。これは怖い、どう考えても怖いことである。よく「清水《きよみず》の舞台から飛び下りるつもりで」と言うが、そうそうそんな高いところから飛び下りられるものではない。

人前が怖い、苦手でしかたがない、赤面したり、冷や汗をかいてしまう、極端にあがりやすいなどの、いわゆる対人恐怖症の人は、いつもそういう思いをしているのだろう。

人前で自分を出すことを怖れる。失敗するのではないだろうか、無様な姿をさらすことにな

るんじゃないだろうか、そんなことがいつも気になって気になって、人前に出ること自体を怖れてしまう。

ある対人恐怖気味の女性は、好きな男性に告白できなかったことを悔やんでいた。

「何でもそうなんですが、失敗を怖れてもしかたないのはわかっているんですけど、できないんです。自分を出せないんです」

「あなたに何があれば、できるようになると思う？」

「勇気ですね」

なるほど、それはそうである。勇気さえあればいいんだろうなと思いながら、カウンセラーはまた別のことを考える。

一番いいのは、友だちに何度も相談することだろう。そうすれば友だちは必ず背中を押してくれる。たとえ失敗に終わっても、その友だちが慰《なぐさ》め支えてくれるはずである。結局、そういった安心感が背景にあるから、私たちは初めて勇気が持てるのではないか。「何とかなる」という希望のお守り、それは自分の人間関係なのである。

ダメでも慰めてくれる友だちがいる。そういう安心感が勇気をつくる。

目標よりも「志」を

スポーツ界には「二年目のジンクス」と呼ばれるものがある。一年目に活躍した新人がいて、二年目ともなるといっそうの飛躍《ひやく》を期待されるわけだが、その期待には程遠い成績に終わってしまうというものだ。このような現象が起きてしまう理由として挙げられるのが、

①一年目の好成績は単なる偶然だった

②二年目の活躍で、その世界を甘く見てしまった

というものだ。ただし、①の結論が下されるのは、その後もその選手が浮かび上がれなかったときのことである。「二年目のジンクス」の理由としておおかた考えられるのは②のほうになるだろう。「甘く見て」しまって自信過剰になり、練習に身を入れなかった、つまり努力を怠《おこた》ったということである。二年目には相手も研究してくるからという理由もあるが、だから

こそ一年目以上の努力をしなければならないはずだ。そういう意味では、これも「甘く見た」の部類に入るだろう。

しかし、現実をよく見ると、本当の実力者には「二年目のジンクス」なんてものはないのである。たぶん、彼らはその世界でそこそこの成績を上げるだけでは満足していないからだ。

彼らには「志《こころざし》」というものがある。「プロの世界といってもこんなものか」と思うことはあるかもしれないけれども、それで満足しているわけではまったくない。「そこそこやれる」ことが彼らの目標ではなく、その中でさらに抜きん出ること、自分の満足や納得がいくレベルに到達することを考えているのである。それはこれこれこういう成績を残すといった具体的な目標ではなくて、つねに自分を現状以上のレベルに高めようとする「志」なのである。

スポーツ界に限らず、どのような仕事や立場にあっても、この「志」がなければ淋しい。大学に行くこと、仕事に就くこと、結婚することなど、現世的な目標は果たしたものの、それ以降は不全感に悩まされることになるだろう。しかし、どのような状況にあっても「志」さえあれば、人生はそこそこ楽しめるのだ。

自分の中に「こうありたい」という「志」があると、人生は楽しい。

チャレンジ精神を忘れずに

無心になって斜面を滑り降りるスキーは、精神衛生上おすすめなのだが、「とにかく寒いのは嫌だ」などと、やらない言い訳をする人がいるものである。あるいは、「趣旨はわかるが、そんなものはやったことがない」「この年でいまさらできるか」という声も聞こえてきそうだ。

当然の反論であるとは思うが、ここはひとつ考え直してもらいたい。

まず、いままでやったことがないからこそ、「おもしろい」のである。そして何より大事なのは、つねに新奇なものに対して眼を向ける精神を持ち続けることなのだ。

ある人は、なぜかゴルフをかたくなに拒《こば》んでいた。そこそこ運動に自信のある彼は、そういうプライドがあるからこそ、未知なことにチャレンジできないでいたのだ。「あんなのはスポーツじゃない」「止まっている球を打って何がおもしろいのか」。そんなことばかり言いつつ、

やったことがないもの、まだ出会っていない人。新しい経験はおもしろい。

彼は自分のプライドを守ろうとした。

しかし、四十歳を過ぎたあるとき、仕事上のつき合いで初めてクラブを握ったのである。ゴルフに限らず、初めてはきつい。彼の成績は、それは惨《みじ》めなものだったらしい。「やっぱりゴルフなんか！」と思ったようだが、それでも負けず嫌いの気性が勝《まさ》ったのだろう、彼はそれから練習に励むようになった。そうなれば当然、上達もしてくる。そして、いつのまにか、彼は周囲の誰よりもゴルフにはまってしまっていた。その彼のいまの口癖は、「なんでもっと早くはじめなかったんだろう」というものである。

おもしろそうだなと思ったらとりあえずやってみる、経験してみることである。世の中に自分の知らないことは数限りなくあり、その中には思わぬ楽しさが待ち受けている。そういうものと出合わずにいることこそが損というものではないか。

これは人間関係にも当てはまることだ。心に壁をつくらず、まずはコミュニケーションをとってみる。そこから新しい出会いが生まれるのだ。

とにかく何でもやってみることだ。いつだって人生はこれからなのである。

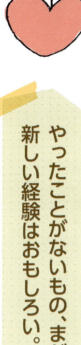

カウンセリングの現場から②

教えるとは「プロセス」につき合うこと

人の上に立つということは、実は、一般に考えられているほど強い立場にいるのではない。それは、特に最近の教育現場を見ると明らかだ。教師と生徒との関係を考えてみれば、教師という一見上に立っている立場が、なんと無力であるかがわかるというものだ。

教える側とは無力である。なぜなら、いくら教える側に教えようという意欲があっても、教わる側に学ぼうとする意欲がなければ、「教育」というものは成立しようがないからだ。学ぶ側に意欲さえあれば、教える側はラクなことこの上ない。どんなに強制的、高圧的な教え方であっても、逆に放任、自発性を重んじるものでもかまわないのである。

カウンセリングとは、こういう考え方に基づいたコミュニケーションである。クライエントの側に「いまの状況を何とかしたい」という気持ち、意欲があること、カウンセラーが頼りにするのはそこしかない。このような考え方でいると、他人に対して何かができるというような幻想を持たないでいられるのが利点である。「教えてやろう」などとは思わない。相手の上に立つという関係にはなり得ない。

結局、自分の問題は、自分で片をつけるしかないのだ。他人ができるのは、自力で片をつけることの手伝いなのである。カウンセラーは、日夜、その手伝い方のあれこれを頭をひねって考えているのである。

自転車に乗れない人や水泳のできない人に、乗り方や泳ぎ方を教える場合を考えてみよう。いくら教えてやりたくても、教える側ができることと言えば、自転車の後ろを支えてあげること、手を持ってバタ足をさせることくらいで、ときどきちょっとしたアドバイスを挟み込むくらいが関の山である。

しかし、それが最高の教え方なのである。そのプロセスにできるだけ丁寧につき合うことが、「教える」側の基本的なスタンスであることを知っておけばいいのである。

第3章

人とのつき合いで苦しまない

嫌いな人の長所をつくる

社会に生きる限り、ある程度、人と仲よくやっていかなければならない。仲よくやれる人が多いほど生きることは快適だし、逆だとストレスまみれになってしまう。学校でも職場でも、どこでもそうだ。しかし、自分はどうも人と喧嘩《けんか》したり対立することが多いと感じている人は、次のようなことに気をつけてみよう。

まず、相手を好きになることがなんと言っても早道である。「こんなところが気に入らない」「あんなところが不愉快だ」とばかり思っていたら、その道は遠いと言わざるを得ない。

しかし、確かに人に不快な印象ばかり与える人もいる。わがままだったり、無責任だったり、話していてもカリカリしてばかり。これではたまらない。しかも、それが上司だったりすると、まったくつき合わないわけにもいかないから厄介である。

そういうときには、無理矢理にでもいいから、相手のよいところを見つけることが必要である。そして、考えようによっては、いくらでも見つけることができるし、つくることもできる。

たとえば、話をしているといつも話の腰を折る人がいるとする。こういう人に対しては、

「あの人は、人の話の腰を折る才能に優れている」

「話の腰を折ることにかんしては、社内でも右に出る者がいない」

などととらえるとおもしろい。こんなふうにいくらでもつくってみよう。

「人に責任を押しつけるテクニックは誰にも負けない」

「日本わがまま選手権をやったら絶対優勝」

「人の期待を裏切る天才」

たとえば、競馬で当たらない予想屋というのは貴重で役立つ存在なのだ。「あいつはまったく当たらない」などと怒っていないで、その予想を外して買えばいいのである。逆に「あの人のおかげ」になるかもしれない。

つまりは、こういうふうに人やものを見ることで、心の中に余裕が生まれるのである。

嫌いな人の嫌いな部分を、「ほめ言葉」に変換してみよう。

あなたは素直？それとも頑固？

人が二人揃《そろ》えば、そこにいない人の人物評価をはじめるものである。悪口や軽口になることもあるが、それはそれでなかなか楽しいものだ。

そんなときに、お互いの評価が食い違うこともよくある。

「Cさんはとても気さくな人だ」とAさんが言うと、「いや、あの人はどちらかというと自分を見せないほうだ」とBさんは違う見解を示す。

これはどういうことだろう？

Bさんは「それはあなたの見方がちょっと甘いんじゃないの？」とAさんの不明を正そうとするかもしれない。AさんはAさんで、「あなたの人の見方が厳しすぎるんじゃないの？」と反論するかもしれない。これがこじれると、AさんとBさんの関係に溝《みぞ》をつくることもある。

それでは、なぜ、このような食い違いが生じてしまうのだろうか。

私たちがある人物を評価するとき、その手がかりにしているものは、相手が自分に見せている姿である。AさんがCさんの人物像について話すとき、それはCさんがAさんに見せる姿を手がかりにして把握《はあく》したものなのである。Bさんにしても同様である。

しかし、人は相手によって自分の出し方が変わるものだ。それは自分に当てはめれば簡単にわかる。ある人に対しては妙に素直になれる自分がいたり、ある人に対してはいつも頑《かたく》なになってしまう自分がいる。

そういうとき、それぞれの人に対して違う自分を見せてしまうことになる。その結果、一方の人は「あの人は素直な人だなあ」という印象を持つだろうし、一方では「あの人はとんでもない頑固《がんこ》者だ」と思うかもしれない。

このようにして、私たちは人が自分に見せる一部分だけを手がかりにして、かなり自分勝手に人物評価をしているものなのである。人づき合いがうまくいかないという人も、このことに注意すれば、人間関係力を確実にアップさせることができるだろう。


相手にどんな顔を見せているかで、評価は変わる。「頑固者」も、違う人から見れば「素直な人」かもしれない。

距離をとればうまくいく

人間関係がうまくいかない原因の一つは、対人的な距離のとり方がうまくないことである。距離が近すぎると、ものすごく仲よくなることもあるが、逆に敵対関係になってしまうこともある。また、距離をとりすぎると、まったく人と交流できないということになる。

人と仲よくなりたいと思う気持ちが強すぎるのも、あまりよくない。結果として、適度な距離を保てなくなってしまうからだ。

仲がいい、相性がいいと思っていた友だちと一緒に旅行をしてみたら、しだいに相手の嫌なところが目についてきて、耐えられなくなってしまった……。こんな経験をした人は少なくないだろう。「成田離婚」と呼ばれるものも、多分にこの要因がはたらいているのだろう。

テレビなどで見る漫才コンビやお笑いグループは、私生活においては、実はあまり仲がよく

ないと言われる。たぶん、いつも一緒に行動しなければならないから、嫌な面も見えてくるのだろう。しかし、それでも仕事となると一緒にやっていけるというのがすばらしい。よいパートナーというのは、好き嫌いという感情だけで成立しているわけではないのだ。

あるバラエティ番組を見ていたら、かつての人気漫才コンビが出ていて、いろいろと昔のエピソードを話していた。その中で興味深かったのは、コンビの解散を決めた直後の舞台は、コンビ結成以来最高の漫才だったという話である。

皮肉といえば皮肉だが、これもまた実に示唆《しさ》に富む話である。

「これでもう解散だ」という気持ちが、二人の心を伸び伸びとさせたことは間違いないが、同時にそのとき、二人の間に適度な距離ができていたとも考えられる。ひょっとしたら、意図しないところで「一《いち》期《ご》一《いち》会《え》」という世界に彼らはいたのかもしれない。

人間関係の距離は、近づきすぎず、離れすぎず。そうすることによって、人は好き嫌いの感情を超えることができるのである。

距離が近すぎることで、関係がこじれることもある。うまくいかないときは、少し距離をとってみる。

対人理解はほどほどでいい

人とうまくいかないことに悩んでいる人は多い。カウンセリングを受ける人のほとんども対人関係で悩みを持っている。「すべての悩みは人間関係に通ず」とはカウンセラーの造語である。家族、学校、職場、あらゆるところに人間関係があり、その中で苦労しているのである。

中には、カウンセラーとさえ、うまくやれない人もいる。これはカウンセラーの責任である部分も大きいのだが、これまで何人ものカウンセラーと会ってきて、そのたびに関係が悪くなってしまうというような人もいるのである。

「先生と僕は波長が合いません。前のカウンセラーも、僕を理解できなかったみたいです」

あるクライエントがこう言ったとき、カウンセラーには返す言葉がない。カウンセラーも波長が合っているとは思っていないからだ。

ちなみに彼は、これまで、どの職場でも「波長が合う」上司がいなかった。そしてその人たちと波長が合わなかったから、いろいろとうまくいかずに転職を繰り返してきたのである。

周囲の人に自分という人間を理解してもらいたい、そして受け入れてもらいたい、彼は切実にそう願ってきた。その気持ちは強く伝わってくるし、そのこと自体はよく理解できる。

しかし、その根本にある考えが贅沢《ぜいたく》というものかもしれない。彼が思うほど、人と人とは理解し合えるものではないのだ。それを知らずに、相手に一〇〇%の理解を求めてしまうとき、そこには決まって悲劇が待っているのである。

完全に理解し合えなければ満足できないとするならば、人は一生不満な人間関係を送るしかないだろう。より重要なことは、そこまで理解し合えなくても、それでも何とかつき合っていくことにある。それが現実の社会関係なのである。

多くの人はそのことをよくわかっていて、いろいろと不満を持ちながらも「こんなものだろう」と妥協《だきょう》して毎日を生きている。そうしたほどほどの営《いとな》みに対して、カウンセラーは何よりも敬意を払うのである。

誰も完全には理解し合えない。
多少の不満と妥協で人間関係はできている。

相手を知ることが第一歩

人間関係がうまくいかない理由はたくさんある。たくさんあって何が理由となっているのかわからない場合もある。

人はよく、うまくいかない理由や原因を考えるけれども、なかなかわからないものなのだ。自分では「これだ」と思うことも、実際はまったくの勘違いだったりすることもある。

恋愛における片思いの場合はともかく、通常の人づき合いでは、こちらが相手を好きになれれば、おおむね関係は良好となるものだ。多くの場合、相手を好きになれないから、その関係にストレスを感じているのである。こちらが相手に好意を持てれば、その好意の感情はふだんの何気ない態度にもあらわれるようになる。それが相手に伝わると、相手の心を快適にさせる。そうなれば二人の間のコミュニケーションによい循環が生まれるのである。とはいえ、無

理に好感情を持つことは難しい。

誰かとの関係が何となくよくないと感じている場合がある。特に言い争いをしたわけでもないし、特に対立するような背景も理由もない。けれども近づきがたいような、言葉を交わすのも少しはばかられるような関係である。そういうものもひじょうに居心地がよくない。

そういう場合、原因は、相手をよく知らないからということが多い。よく知らない相手を好きになれないのは当たり前である。

そこで、相手のことをもっと知ってみる。直接は無理だろうから、興味と関心を持って相手を観察したり調べてみたり、そうやってその人となりを少しでも把握するようにしてみたらどうだろうか。

さしあたって、それはどのようなことでもいい。周囲の誰と仲がいいか、好きな食べ物は何か、好きな色は何か、趣味は何か、どんな癖《くせ》があるかというような、見えやすくわかりやすいことからでいいのだ。その人の考え方など、その人の本質的なところまで知ろうとする必要はない。まず第一歩はウオッチング（観察）なのである。

何となく仲よくなれないのは、相手のことをよく知らないせいかもしれない。

他人の配慮は見えにくい

対人関係で大切なものは相手への気遣い、配慮である。しかし、それについては、いろいろな不満も起こりがちである。

「私はこんなに気を遣っているのに、あの人は全然気を遣わないんです」

「僕は人に気遣いばかりして疲れてしまいます」

こんなことを嘆く人は多い。

気遣いのない人というのは確かに困る。みんながお互いに配慮し合うからこそ、人間関係のバランスが保たれているのに、それをしない人がいるとバランスが崩れてしまうからである。

しかし、配慮というものは、目に見えないことも多い。

たとえば、温泉に入って熱くなった身体を、冷たい水のシャワーで冷ましたとしよう。そう

したら、次に使う人がびっくりしないように、シャワーの温度を適温の位置に戻しておくのがマナーというものである。そういうことが普通に行われているから、私たちはつまらないストレスを感じないで済むのである。

しかし、こんなとき、自分の前にシャワーを使った人に対して、「ありがたいことだ」といちいち感謝することはない。ある意味で当たり前のことになっていると、確かにそこにあるはずの配慮が見えなくなってしまうことも、ままあるわけである。

つまり、配慮とは、本質的にそういう類《たぐい》のものなのではないだろうか。見えるような気遣いをしているうちは、まだまだ半人前。気遣いに長《た》けた人の配慮は、なかなか見えるものではないのかもしれない。もちろん配慮のない人のも見えないが。

人は、誰もが自分なりに気を遣っていると自負している。だから自分が配慮していることにこだわり、それが伝わらないことを一方的に不満に思う。しかし、自分の配慮が相手に伝わりにくいということは、人から受ける配慮もなかなか自分には伝わらないのだという道理を知っておかなければならない。それが気遣いの基本的なルールであろう。

こちらの配慮が伝わりにくいということは、自分も、誰かの配慮に気づいていない場合があるということ。

他人は思い通りにならない

人間関係をうまくやりたいと言うと、何となく聞こえはいいものだ。しかし、身も蓋《ふた》もない言い方だが、それは、他人に自分の思うようになってほしいということを要求しているのだ。自分の思い通りにしたいと願っているわけである。

自分の思うようになることなど、そうそうありはしない。特に、他人というのは、この世で一番思い通りにならない存在ではないだろうか。なぜなら、自分と同じく、他の人たちも「こうしたい」「こうありたい」「こうあってほしい」という欲望を持っているからである。自分の「こうしたい」と他人の「こうしたい」は、一緒ではない。当然、その欲望は対立するわけで、結果、あちこちでいさかいやあつれきが生じることになる。これが、人と人がうまくいかないのは当たり前だということの単純明快な理由である。

人とうまくやっていくコツは、「他人は自分の思い通りにならない」ということを理解すること。

けれども、世の中には、そこに折り合いをつけて、人とうまくやっているように見受けられる人もいる。彼らは、他人は自分の思い通りにはならないということをよく理解しているにちがいない。いい意味であきらめているわけである。したがって相手に対する期待度も低い。不満に思うことがあっても、「まあ、いいや」「しかたない」で済ませられるわけである。

そこに至るためには、その域に達していない人にはわかり得ない努力が潜《ひそ》んでいると言ってもいいだろう。実は彼らだって苦労しているのだ。できることなら何でも自分の思い通りにしてみたいと思う。しかし、それをやっている限り、いつも他人と争っていかなければならない、対立ばかりしていなければならない。それはたいへんなストレスである。

そこで、お互いの欲望を調節する方法を身につけるようになっていく。その一つが「フィフティーフィフティー」という考え方であることは言うまでもない。あるいは「公平」とか「平等」という考え方もそうであろう。そして、お互いの利益のために、どうやったら協力できるかという関係を模索することもある。このようにして「奪う」ではなく「与える」という感覚が身につけば、人間関係はラクになっていくのである。

まずは自分の役割を果たす

「人とうまくいかないんです」と言う人の多くは、自分のことばかり考えているようにも思える。要するにナルシストなのである。程度の問題ではあるけれど、自分へのこだわりが強い人は、他人を大事にするのが苦手なので、当然人づき合いも悪くなるのである。

しかし、現実に人との交流がないのはとても淋しい。しかし、その「淋しい」という気持ちや「誰か自分と仲よくしてほしい」との気持ちを率直に出すことがなかなかできない。人におもねるようで、自分のプライドが許さないのである。他人に屈服したような気分になるのかもしれない。このようにして、人にかかわりたくてもかかわれないというジレンマにいつも苦しんでいるのである。

こうした人に、いきなり気さくになれ、オープンになれと言っても無理な話である。だか

ら、ちょっと面倒でも、あるステップを踏《ふ》んでいくほうがいいだろう。

　たとえば、これまではばかにしていた形式的なことを受け入れるようになりたい。その一つが年賀状、暑中見舞いなど、各種の挨拶状である。あるいは旅先からの絵はがきでもいい。そうしたことをマメにやること。あるいは引越しの際の近隣挨拶、お土産《みやげ》、手土産等など、これも、他人に近づき、他人に受け入れられる第一歩である。

　また、集団の中で、自分の役割をきちんと果たすことが大切だ。誰とどううまくやるかばかりに関心が行っていてはいけない。職場であれ、サークルであれ、クラスであれ、そこで何らかの役割（仕事）を果たしてこそ、周囲から認められるのである。

　約束や義務をきちんと果たしていれば、「あの人は、コミュニケーションは下手だけど、信頼のおける人だ」となる。いくら巧《たく》みな会話術や交渉術を持っている人でも、やるべきことをきちんと果たしていない人は相手にされなくなるものである。人間関係で大事なことは、上《うわ》っ面《つら》のテクニックなどではなく、このような基本的信頼を得ることなのだ。そして、このようなことを地道にしているかどうかが、よい人間関係をつくるための鍵なのである。

人間関係で大事なのは、テクニックではなく、「信頼できる人」になること。

カウンセリングの現場から③

いま、生きていることの大切さ

たぶん人生には何回かのピンチが訪れるものなのだろう。ときにはその過酷さに耐えかねて死を選ぶ人もいる。それに対して「死んで花実が咲くものか」と人は言うが、それは生きている者のおごりかもしれない。死ぬのがよかったのか悪かったのかは誰にもわからないことだ。

カウンセリングの場でも「生きるのがつらい」「死にたい」と訴える人がいる。そのとき「死んで花実が……」という台詞は何の役にも立たない。

しかし、それほどの思いをしているにもかかわらず、いま生きていること、現在まで生き抜いてきてカウンセラーの前にいることが重要なのだ。それは、苦しいことつらいことがあっても、死ぬことより生きることを選択してきた証なのだ。「もうダメです。絶望です」と言いつつ、生きていること、そのこと自体が希望の光なのである。

人も「生き物」である。「生き物」の自然として、つねにできるだけ生命を維持しようとする。お腹が空けば食べ、疲れたら眠る。たとえば、大失恋をした人が泣きながら寝入ってしまい、目が覚めたら少し気分がすっきりしていたというのはまことに正しい。あるいは、病気やけがをすれば免疫機能が一斉に蜂起《ほうき》するし、危険なものには身体が震えて近づかない。たとえば、高所恐怖症というのは、病気なのではなくて、本能の正常なはたらきによるものなのだ。

自殺を思い立ったある女性は、真夜中に刃物を探しはじめた。すると机の奥から小学生時代に使うようなナイフが出てきた。しばらくそれを眺《なが》めた彼女は、ふと小さい頃のように鉛筆を削ってみたいと思った。そして家中の鉛筆を削りはじめたのである。その間、彼女は自殺することを忘れていた。

「死ぬ前なのに、こんなことに一心不乱になってる自分て何だろうと思ったんです。ばかばかしくなって、とりあえず死ぬのやめました」

「ばかばかしい」と思うこと、それは高度な心の整理かもしれない。

第４章

心が重たくなったときには

心配性の治療薬とは

心配性と言われる人々がいる。彼らは未来や将来に対する保証や安全がほしくてたまらないように見える。しかし、もとよりそんなものはありはしないので、いつまで経ってもその心配は尽《つ》きない。カウンセリングに訪れるのもそういう人が多い。たとえば、

「もし寝たきりの病気にでもなったらどうしよう」

「老後のことが心配でたまらないんです」

「この子がずっとこもりきりになったらと思うと」

などと心配している人がいるとする。この人たちに、

「それでは、本当に寝たきりの病気になったらどうするおつもりですか？」

「老後の生活はどのようにしようと考えているんですか？」

「お子さんがずっとこのままだったら、どうなさるおつもりなんですか？」
と尋《たず》ねてみると、意外なことに、その対策について、具体的にはほとんど考えていないことが多いのである。

心配なことがあるからといって、本気で考えているのかというとそうでもない。これが「心配性」と呼ばれる人の正体であろう。「どうしよう」と口には出すが、そこから先を考えようとはしないのである。考えるにしても漠然《ばくぜん》としているのだ。

一度じっくりと考えてみよう。考えるにあたって大事なのは、漠然とではなく、具体的に考えることである。リアルで細かいほどいい。寝たきりになったら、誰に面倒を見てほしいのか。その可能性はどの程度か。老後はどこに住まい、何を楽しみにするのか。子どもがそのまま引きこもり、そのまま大人になったら、親として何をどうするのか。

愉快でないシミュレーションであるが、嫌になるほど考えてみよう。その中からある種の覚悟が生まれるかもしれない。あるいは、そんなに具体的に考えたところでどうしようもないとあきらめるかもしれない。覚悟とあきらめは、心配性の一番の治療薬なのだ。

心配でたまらないことがあるなら、一度とことん考えてみよう。

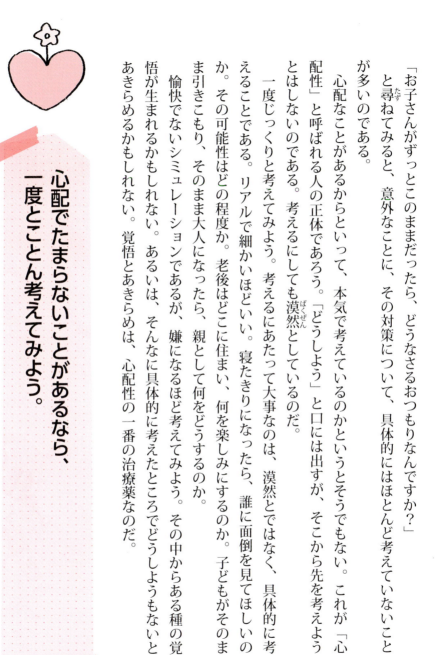

ときには泣いてみるのもいい

いちばん最近であなたが泣いたのはいつのことになりますか?
唐突《とうとつ》な質問だが、それを思い出してほしい。ただし、「心で泣いた」というのは抜きである。悔《くや》し涙、うれし涙、感動の涙、泣くにもいろいろあるだろうが、すぐに思い当たっただろうか。ほとんど思い出せないという人もいることだろう。

大人になるとあまり泣くことがない。特に男性はそうである。泣いたことよりも怒ったことのほうがたくさんあるし、思い出せるのかもしれない。

これは悲しいことではないだろうか。怒ったぶんだけ笑うのはいいが、その何分の一かは泣くことがあってもいいのではないか。男性には、明らかに泣くという感情表現が不足しているようである。これが平安時代あたりだと、男性がさめざめと泣いてばかりいるのだから、やは

り文化の影響というのは大きい。

「アレキシサイミア（失感情症）」という精神疾患がある。これは、自分の喜怒哀楽の感情を表現できなくなってしまうものである。怒ることも悲しむことも、感情というものを失ってしまった状態なのだ。その日常は実に平板であるという。

もちろん、そこまでひどい状況ではないだろう。しかし、喜怒哀楽の一つが著《いちじる》しく損なわれているとすれば、それはどこかでバランスを欠いた精神生活をしているのかもしれないと疑う必要はありそうだ。

ずっとウツウツとしていた中年の男性クライエントが、一人で映画を観に行ったときのことを語った。

「私みたいな年輩客は他にいなかったので恥ずかしかったんですが、もう泣けて泣けて」

「そうしたら、映画館を出るときには気持ちがすっきりしてたんですよねえ」

これこそがカタルシス（心の浄化作用）効果である。汗、オシッコ、ウンコ、そして涙、排出するものは何でも排出するのがいいのである。そして気持ちがいいのである。

大人にも泣く機会が必要。涙も汗も、出した後は気持ちがいい。

悩みの中にある甘え

抑うつ的になっている人というのは、当然仕事に意欲を持てないものである。ときに、「仕事をやっているのではなくて、やらされている感じがする」という発言に出合うことがある。このような思いは、仕事がおもしろくないと感じている人の多くが抱いていることだろう。

「やらされている」

そう感じながら仕事をすることは、確かにつらいことである。そういう感覚はできるだけ取り除かないと毎日が苦しい。

しかし、ここでは、あえて厳しく考えてみよう。そういう台詞《せりふ》は、たとえば戦時中に捕虜《ほりょ》になって、強制労働をさせられている人ならば言う資格があるのではないか。私たちのほとんどは、本当に嫌なら辞めることができるのである。そういう自由を持っているのである。

あるいは「ここのところ忙しくて、自分のことは何もできないですねえ」と愚痴ることもよくある。そのときもよく考えてみよう。

その忙しさは誰のせいなのか？　きっと誰のせいでもないのである。強制されているものでない限り、何事も自分の意思でしていることなのだ。そしてなおかつ考えてみよう。やるべきことがなくて暇だったら、そっちのほうが考えものではないか。

あるときの新聞で、ＮＡＴＯ空爆前の混乱にあった旧ユーゴスラビアのコソボ自治州で暮らす小学生が、「いまでは嫌なテストだってうらやましい」と語っていた記事は印象的であった。

私たちは、ついつい現在の自分の不遇を嘆いてしまうが、その嘆きはけっこう贅沢《ぜいたく》なものであることに気づいていない。嫌いな勉強であっても、それができない環境のほうがずっと不幸なのである。仕事にしても、忙しいうちが華《はな》なのだ。

カウンセリングを受けにくる人も多いが、何もすることがない人の苦悩は、忙しい人よりもはるかに深刻なものなのである。「忙」という字は「心が亡くなる」と書くくらいで、余計なことを忘れている状態なのである。

いま抱いている悩みは、他の人から見れば、贅沢な悩みかもしれない。

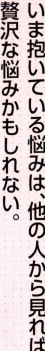

悩みの裏には欲がある

世の中にはさまざまな悩みがある。

お金に困っている。恋人にフラれた。心を許せる友だちがいない。親から冷たい仕打ちをされた。子どもが非行に走っている。夫が浮気している。姑《しゅうとめ》と仲が悪い。仕事がうまくいかない。嫌な上司に困っている。会社の体質が古い。親が理解してくれない。学校がおもしろくない。眠れない。やる気が起きない。世の中がおもしろくない……。

それにしても、人はなぜこんなに悩んでばかりいるのだろうか。

「悩んでいる」というと少し聞こえはいいが、すべての悩みの源泉は「自分の思い通りにしたい」という欲望なのである。どんな悩みも、つまるところそれ以外のことではあり得ない。

どんなに高尚《こうしょう》な悩みのように思えても、要は「自分の思い通りにならない」ことのストレ

「悩み」は「自分の思い通りにしたい」という欲望の裏側。

ス、悩みなのである。たとえば、「彼はやればもっとできるはずなんだけどなあ」と、教師が生徒の将来を案じ、ため息をついているような場合である。

このとき教師は、「彼」が自分の思い通りに勉強してくれるような生徒になってくれないことに、少なからずストレスを感じているわけである。つまり「誰かにこうあってほしい」との思いが、悩みの源泉となっている。

「こうあってほしい」ということが、自分自身に向けられていることもたくさんある。自分は「こうありたい」「こうなりたい」と願う。しかし、これまた思い通りになることは少ない。特に理想を高く持つと、達成は困難であり、私たちの悩みはより深いものとなる。

高邁《こうまい》な理想も清らかな願いも、しょせん、「欲」のバリエーションに過ぎないのである。つまり、私たちの悩みは、自分の欲の深さとほとんど比例していると考えてもいい。このことが悪いということではない。しかし、何かに悩んでいるとき、悩みを解決しようとする前に、はたして自分は何を欲望しているのかを考えてみるのも一つの方法である。

悩みには必ず欲が付属しているのであり、悩みはその欲に支えられているのだから。

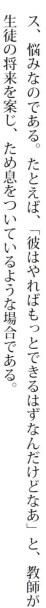

どっちつかずはストレスのもと

乗っていた電車がトンネルで急に止まってしまったとする。動き出す気配がないので、車内はだんだんざわついてくるだろう。こんなとき、どういうアナウンスがあれば、乗客の不安は軽減するだろうか。

①「原因はよくわかりません。運転再開の見通しも立っていません」
②「この先で信号機の故障がありました。復旧の見通しはまだ立っていません」
③「この先で信号機の故障がありました。再開には約一時間かかります」

いずれの場合も、一斉に落胆や怒りの声が上がることだろう。しかし、この中で実際にもっとも不安を呼ぶのは①である。何も情報がない状態、何がどうなっているのかわからない状態に、人は強いストレスを感じるからだ。だから実際には、何のアナウンスもないのが、もっと

もストレスの大きい状況と言えよう。

たとえ運転再開までの時間が二十分に過ぎなかったにしても、何のアナウンスもない場合の二十分間のストレスは、アナウンスがあった場合の一時間よりもストレスは大きい。「運転手に何かあったのだろうか?」など、「ひょっとしたら」という悪い予感もふくらんでいくものだ。原因や「いつまで」ということがわかっていれば、私たちの心は安心するものである。「復旧の見通しは立っていません」とアナウンスされても、信号機の故障だという原因がわかっていれば、その原因から「一時間もかからないだろう」と、おおよその見通しがつくのである。

こう考えると、中途半端な立場やはっきりしない状況に置かれているときこそ、人はストレスを引き込みやすいということがわかる。高校生でも大学生でもない受験生、いつ転勤やリストラされるかわからない会社員、友だちと言えるのか言えないのか微妙な人間関係、インクの出が悪いボールペン等々である。

インクの出の悪いボールペンならば、捨てればすっきりする。しかし、そう簡単でないことだらけである。しかし、可能なものなら、はっきりさせるほうがいいことも多いのだ。

はっきりしない状況がストレスを大きくする。

手軽にできるストレス解消法

ラッシュ時の電車というのは、相当にストレス指数の高い乗り物である。

特に朝などは、仕事をする前だというのに、たいへんなエネルギーを吸い取られてしまう。

そういうわけで、やはり朝食はきちんと食べないといけない。

けれども、日本人はしたたかだ。毎日のように満員電車に揺られている中で、新聞を読んだり、居眠りしたり、好きな音楽を聴いたり、エッチな妄想を楽しんだりして、できるだけ疲れないような工夫をしているようである。

そういった方法は、たいへんすばらしい防衛策だが、より積極的に不快な気分を一掃《いっそう》したいと考える人のために、ここではイメージによる気分転換をお勧《すす》めしよう。その方法とは、
①目を閉じて気持ちを落ち着ける

②ある程度気持ちが落ち着いたら、何かの容《い》れ物《もの》、たとえば壺《つぼ》のような容器をイメージする
③容れ物がイメージできたら、自分の中の嫌な感じ、イライラ、あるいは疲れた気分をその中に入れてしまう
④入れ終わったら、蓋をする

たったこれだけ。こういうことだけでも、少しは気分が軽くなる場合もあるから、読み物や音楽に飽きたら、メニューの一つに加えてみよう。

あるいは、落ち葉だらけの庭をイメージする方法もある。

①大きな箒《ほうき》で落ち葉を掃き集める
②掃き集めたら、どこかに捨ててしまうか、火をつけてボーっと燃やしてしまう

その後には、きれいな庭がイメージされるだろう。

さらに水洗トイレのイメージもある。

嫌な上司とか、不愉快な妻とかをトイレに放り込み、ひとひねりで便器の向こうの別世界に流してしまおう。そして蓋をすればいい。想像するだけなら、何をやってもいいのである。

嫌なものは箱に入れて蓋をしてしまおう。実際にできなくても、イメージするだけですっきりする。

時間は一番の特効薬

何かの不祥事やトラブルがあると、すぐに、

「原因を究明して、ただちに対策を講じよ」

ということになる。会社でも学校でも、どこでもそうである。

しかし、急な対策というのは、問題の本質がまだ理解されていないうちに立てられるものなので、あまり有効ではない場合が多いのではないだろうか。それどころか、後になって「しまった」と思うことも多いのではないか。

早急に何かをしなければいけないという気分になるのはわかるが、時間の経過とともに、事態が変わってくるのもよくあることだ。もし事態が思いもかけないほうに変わってきたりすると、一度立ててしまった対策が手《て》枷《かせ》足《あし》枷《かせ》となって、ますます問題をこじらせる場合もある。

だから、何か不測の事態が起こったときには、このように対処しよう。

とりあえず対外的な問題もあるので、何とかしなくちゃいけないというポーズは取らなければならない。「はい、早急に何とかしたいと思います」という姿勢は対外的に見せておくのだ。

しかし一方では、どっしりというか、昼行灯《ひるあんどん》的というか、のんびりした姿勢を忘れてはいけない。もう少し時間が経ったら、事態はどう変わっているんだろうか、などとのんびり想像してみるのもいい。特に心にまつわる問題というのは、そういうものである。ほとんどの場合、「時間薬」と言うくらいのもので、一番の特効薬は時間なのである。

仕事を辞めたくなったとか、急に眠れなくなったとか、子どもが学校に行かなくなったというような場合、それを早急にどうにかしようと考え、大慌《おおあわ》てで医者やカウンセラーのもとを訪れる人がいる。

しかし、そういう問題は、まずは放っておくことである。放っておくことで、問題との距離をとること。距離がとれれば、物事を客観的に見られるようになる。時間が経つことによって、事態が変化するかもしれないし、もう大した問題にはなっていないかもしれないのである。


心の問題は、放っておくのが最良の解決策となる場合もある。

足りないものを加えてみる

私たちが病院に行くのは、どこか身体に悪いところがあるからである。そして悪いところを見つけ、それをなおしてもらうのである。機械が故障したときも同じである。

このような単純明快な成り立ちを「修理モデル」とでも呼んでおこう。多くの人は、「修理モデル」が頭に染みついているので、「ここをこうすればよくなる」という直線的な考えにはまり込みやすい。しかし、「心」や「人間関係」の場合は、なかなかそうはいかないのだ。

たとえば、夫との関係で悩んでいる奥さんのカウンセリングでも、「夫のこんなところを改善すればうまくいく」というような簡単なストーリーは見つけにくいものである。なぜなら、人と人との関係とは、相互作用によって成り立っているので、一概《いちがい》に一方の問題であると決めつけることはできないからである。「夫のわがままな性格がなおれば、夫婦関係はよくなる」

と奥さんは考える。確かにそれはその通りなのかもしれない。しかし、ご主人は奥さんとの関係の中でわがままになっているのかもしれないのである。相手の対応しだいで従順にも勝手にもなるという側面があるのかもしれない。仮にどんなときでもわがままな人であるとしても、人の性癖《せいへき》はそうやすやすと変わるものではない。

そこで、現状はそのままでもいいから、そこに、あらたに何が加われば二人の関係はいい方向に行くだろうか、そんな問いの立て方をしてみよう。何かを「なおす」という方向とは違う対策を考えてみるのである。

もちろん、これは夫婦の問題に限らない。あらゆることに適用可能であり、有効である。

「たぶん、子どもができたら違ってくると思います」

「一週間に一回、じっくりと話し合える時間をつくるといいと思います」

「共通の趣味を見つけるといいと思います」

「足りない」という思いから、このような方向に気持ちが向いていくとき、人は「修理モデル」を超えた問題解決の道を歩んでいるのである。

「どこが悪いか」ではなく、「何が足りないか」を考えてみよう。

苦しいのはがんばっている証拠

「起承転結」というように、物事にはいくつかの展開があるものだ。カウンセリングにもはじまりと終わりがあるわけだが、そのプロセスにはいろいろと紆《う》余《よ》曲《きょく》折《せつ》が当然ある。

カウンセリングのはじまりでは、たいがい初頭（初回）効果というのがあって、人に話すことで気分が軽くなったり、元気になったりする。その時点で終わってしまうケースもある。

けれどもそこから先は、望む通りに順調に元気になっていくわけではない。自分の嫌なところやダメなところと向かい合わなければならないこともあるわけで、それはちょっと苦しい作業なのである。いくら自分の気持ちが変わったとしても、自分を取り囲む現実はあいかわらずだし、こうやったらもっとうまくいくかもしれない、よしそうやってみようと思っても、うまくやれるとは限らないのだ。

そういうことがあるので、カウンセリングを継続している間には、カウンセリングに来る前よりも、自分の心が苦しくなっていると感じてしまうこともある。

しかし、それは自然の成り行きでもあるのだ。何か新しいものが生まれたり、つくられるときには、それに苦しみが伴うことが多い。しかし、それは決して悪いことではないのである。

たとえば、人とかかわることが苦しい人は、往々にして人間関係の場を避けようとする。不快なことから逃げたくなるのは当たり前なので、それはそれでいいのだが、現実的には一生そのままでいることは難しい。

ある女性のクライエントもまた、ずっと人との関係を拒否してきた。カウンセリングに訪れて少し勇気が出てきた彼女は、人とのかかわりからなるべく逃げないようにと努力するようになった。彼女はいつも「苦しい」「苦しい」とカウンセラーに訴える。自分も苦しくなりながらカウンセラーは答える。

「苦しいというのは、あなたが逃げていない証拠なんですよ。がんばっている証拠なんですよ。よくやっていますね」

物事が進んでいるときは苦しみを伴う。それは決して悪いことではない。

相談に乗るときはプロセスにつき合う

カウンセリングの研修を行う際には、ロールプレイ（役割演技）といって、カウンセラー役、相談する側の役を割り当て、参加者に演じてもらうことがある。

このロールプレイをすると、まだカウンセリングに慣れない人たちは、いかに相手を説得するかに腐心《ふしん》してしまうことが多い。相手の話をよく聴くことを忘れてしまうのである。

なぜかというと、人から相談を受ける立場になると、たちどころに問題が解決するような答えを発しなければならないと思ってしまうからだ。カウンセリングに限らず、どんな組織でも立場が上の人は、そうしなければ自分のメンツが立たないと考えてしまうのかもしれない。

確かにそんなことができれば面目《めんぼく》も保てるし、気分もいいことだろう。しかし、そんなことで解決したとすれば、それは誰がやってもできる類の簡単な問題だったと考えるべきかもしれ

ないし、そうアドバイスされて、相談者がしかたなく首を縦《たて》に振っているだけのことかもしれないのである。

ときに、問題が解決するかしないかではなく、そのプロセスにどうつき合うかが重要なことがある。

「問題は解決しなかったが、この人は自分のことに熱心につき合ってくれた」ということで相談者が満足する場合も数多いのである。そのとき、相談を受ける側は十分な役割を果たしているのだ。

役所の窓口などに行って、「それは規則で決まってますから」とあしらわれることに憤慨《ふんがい》するのも、彼らがそのプロセスにつき合う姿勢を見せないからである。

たとえば、「会社を辞めたいと思うのですが」と言う部下がいたとする。何がどうなるのが一番いいのか、それは誰にもわからない。そこで、急いで結論を出すのではなく、「それは重要な問題だから、他に時間をとってきっちり話し合おう」と、その相談事をきちんと受け止める構えを示す。まずはこの辺からはじめたいところである。

解決を急ぐよりも、プロセスにつき合うことのほうが大切な場合もある。

原因を探すより次のステップへ

自分の子どもが学校を中退してしまったことで悩んでいる父親がいる。妻からは、父親としての応対がよくなかったのではないかと責められているのである。父親は確かにそうかもしれないと反省もしつつ、また別のことを考える。

「別に家庭を顧《かえり》みないというほどのことではないし、特に自分が悪い父親だとも思えないんです。それだったら、あいつ（妻）のほうも、昔からちょっと子どもの教育に熱心すぎるところがあって、そうしたことも原因じゃないかなあとも思うんですがね」

息子がなぜこうなってしまったのか、この夫婦はその原因を探しているようである。そして、こうした原因探しは、えてして「あんたが悪い」「いや、おまえが悪い」と責任のなすり合いになるものである。

カウンセラーは、こういうときに原因や理由を探し出すことに熱心ではない。テレビが映らない、蛇口から水が出ないというような問題とは違って、心の問題は、原因がわかったところで、解決には結びつかないことが多いからである。

「原因はまあどうでもいいんです。何が原因かを言い出すと、必ず悪者探しになるんですね。たぶん、いろんなことが絡《から》み合ってこうなってるんでしょうから、誰が悪いってことはないんですよ」

原因を探すというのは、中退したことが悪いことだと思っているからである。もしよいことだったら、原因なんてどうだっていいと思えるはずなのだ。逆に言うと、それを悪いことだと思ってしまうからこそ、どうあっても原因を探さざるを得ないのかもしれない。

しかし、多くの場合、原因や責任を追及している間は、次のステップに進むことができない。事がそうなった以上、考えなければならないのは、その失敗やつまずきをいかに活かすか、プラスに転じるかである。どんなことにもプラスの材料がある。これは、決して能天気な発想というのではなく、きわめて冷静で客観的な見方なのである。

心の問題は、原因探しをしても解決に結びつかない。大切なのは、それをどう次に活かすか。

いま できることを 片づける

「小さなことからコツコツと」というのは、さるタレント元議員のキャッチフレーズだが、コツコツやるのが苦手だという人もたくさんいる。

そういう人は、いつも一発逆転を狙《ねら》いたがる傾向にある。何でも一気に問題を解決したがるわけである。せっかちな人とも言えるだろう。カウンセリングに訪れる人にしても、これまでの人生を逆転できるような「何か」を求めてやってくる場合がある。

聖徳太子はたくさんの人の話をいっぺんに聴くことができたというが、それはあくまで超人の伝説である。普通は「そんなにいっぺんに話されてもわかりません。まずあなたからお聞きしましょうか」となる。そして、「ああ、あなたの言うことにはすぐにお答えできかねます。ですから、ちょっと待ってください。では、次の人」となる。

いろいろな問題を抱えていても同じことである。できそうなことから一つずつ片づけていくしかないのだ。つまり、たくさん問題を抱えているとはいっても、目の前には、いつも一つの問題しかないと考えてみてはどうだろうか。

実は、この考えは、私たちが小さい頃から教え込まれていることでもあるのだ。

「いいかあ、わからない問題は飛ばしておいて、できる問題から片づけていくんだぞう」

ありし日、いつも先生から言われていたことを思い出そう。

できない問題を解くことにこだわっていたら、その結果零点をとってしまうことになる。できない問題は放っておいて、できるところからやっていく。実に現実的な教えであった。

悩める人というのは、簡単には解けそうもない問題ばかりと格闘してしまう傾向があるようだ。それを何とかしないと、先に進めないと思っている。だからますます悩みは深くなってしまう。

「コツコツやれ」とは言わないが、要は、いまできることを片づけておくのが肝腎なのである。

問題がたくさんあって苦しいなら、できない問題を放っておく。取り組むべき問題を一つにしてみる。

問題は放っておいたほうがいい

あるカウンセラーが言う。

「そやなあ、よっぽどのことでない限りは、悩みは無視して、放っておくことにしてる。解決しようとはしない。放っておくのが一番や」

「それに、切羽《せっぱ》詰まってきたら何とかなるのよ。ほんと、たいがいのことは何とかなる」

いい心構えである。かくありたいと思うが、小心で心配性の人にはなかなか難しいようだ。けれども、確かに放っておいたほうがいいことはたくさんある。子育てなどはその代表かもしれない。

探し物がどうしても見つからないときがある。やがて探すのに疲れてあきらめてしまう。そして、何日か経って忘れた頃に、それを探すつもりでもなかったのに、ふいに眼に飛び込んで

きたりする……。そんな経験は誰にもあることだろう。

「あんなに必死に探して見つからなかったのに、なんでこんなに簡単に見つかるかなあ」

そんなことがあったときに、人はちょっとした不全感を覚えるかもしれない。

しかし、こういう現象こそが人生の妙ではないだろうか。そういうものではないだろうか、たいがいのことは。必死になってやったところで、成果が得られないことも多い。ダメなときには何をやったところでダメなものなのである。それは「スランプ」と呼ばれるものかもしれない。

そんなときは、ちょっと物事と距離をおくほうがいい。解決を先延ばしにする、放っておく、無視する、あきらめる、忘れる、そんなふうにしたい。あるいは、それをするには、いまひとつ時間が必要なのだろう、あるいは時期でないのかもしれないと考えてみよう。

小さい頃、どうしても見つけ出せなかった星が、酔っぱらって帰る道すがら、ふと見上げた夜空に輝いていることだってあるはずだ。見つからなければ、またそれでいい。なぜなら、別に探そうと思っているわけではないのだから。

悩みは無視して放っておく。
たいがいのことは、いずれ何とかなる。

表現することからはじめよう

もうこれが最後の砦《とりで》だと思うようなときがある。これを失ったら何もなくなってしまう、そんな思いである。これが財布に残ったお金であるとか、モノならばまさにその通りかもしれないが、形のないものについていえば、そうでもなさそうである。

昔、恩師とこういう会話をした覚えがある。

「いま考えていることを論文にしちゃうと、もう何もストックがなくなるような気がするんですよ。何も書くことがなくなっちゃうような気がするんですよね」

「それは君の思い違いだよ。書いてしまえば、また何か出てくるものさ」

恩師はこともなげに一笑した。

そのときは合点《がてん》がいかなかったが、しかし、実にその通りだった。先生の言う通り、いくら

でも出てくるものなのである。

その経験を積み重ねていくうちに、このことは、次のように発展していく。

いま考えていることや課題にしていることをできるだけ早く表現しない限り、次なる新しい考えもテーマも生まれてこない、次のステージには進めないということである。

出し惜《お》しみというのはつまらない。何でもいいから、とりあえず外に向けて表現することが大事なのだ。

それはウンコにもたとえられる。固くても柔らかくてもいいからとにかく出すことである。かっこいいウンコを出そうと思っていると、いつまで経っても出せないのである。

一般的にそれは、人に何かをしゃべるということである。おしゃべりは重要な表現行為なのである。自分の考えていること、思いを表現することによって、現在の考えが整理され、またあらたな考えがわき出てくる。そういうことをしないで、人知れず思索《しさく》をしていても、ちっとも前に進まないことが多い。

カウンセリングというものの有効性も、まずはここにあるわけである。

思っていることを言葉にして出してみる。出すことで前に進んでいく。

おわりに

この本を読んでいただいて、考え方や見方を少し変えてみるだけで、だいぶ心の余裕が違ってくる、ということがおわかりいただけたのではないだろうか。たとえば簡単な話、さほど贅沢なことを望まなければ、だいたいはどうにかなっていると思えるものなのだ。

世の中はだいたいが何とかなる。私が好例である。高校は単位不足、その後も数年ぶらぶらと無気力に過ごし、少し働いた後に大学に入ったが、講義はつまらなく、心理学を専攻したことさえ、たまたまのことだった。ほとんど講義に出ないから、成績は悲惨だし、留年もした。

こんな私であるから、カウンセラーになろうと思ったことなど、一度としてなかったのである。というのも、私は人間関係でわずらわされるような職業には就きたくなかったからである。

そんなとき、大学の恩師から声をかけられ、この道の入り口に立つことになった。それも、いまは何もすることがないようだから声をかけたが、二、三年したら他の道を考えなさいと言われてのことだった。まあ、働き先があることだけで私には上等だったのだが、「この先自分はどうなるんだろう?」という不安があることも事実だった。

しかし、あるとき「どんなことでも十年続ければエキスパートになるもんだよ」と言う人がいた。そのときは、そんなものかなとあまり信用していなかったが、どうやらその通りだったようである。

世の中には「自分のやりたいことが見つからない」とか「いまやっていることは自分のやりたいことではない」と嘆く人がいる。けれども、そんなものはあまり重要なことではない。要は、自分に与えられた宿命や運命を受け入れて、その中で自分のやれることをやっていけばいいのである。

ちょっと説教くさかったかな。

簡単に言えば、ちょっとしたきっかけさえあれば、それにはいはいと乗ってしまえばいい。たぶん、そんなところが自分の身《み》の丈《たけ》なのである。たぶん私よりも昔の世代、私の時代よりも経済的にもっと貧しかった世代の人は、そういう生き方をしていたのだと思う。

もともとカウンセラーとしての資質が私にあったのかどうか、それはいまでも疑問だし、他の職業をやっていれば、もっと自分を活かせたのではないかと思わないではない。

しかし、それはやはり、まぶたの裏にある遠い理想郷なのだろう。そんなはるかな眼差《まなざ》しを持つのも悪くないけれども、それよりは、自分の手の届くところにある日常や現実、一見つまらないように思える日常や現実を掘り下げていくことのほうが、実はスリリングな冒険なんだろうなと思うようになってきた。

そしてそのほうが、きっとラクで楽しい生き方なのである。

〈著者略歴〉

すがの たいぞう
本名：菅野泰蔵　1953年、東京生まれ。臨床心理士。

学習院大学文学部（心理学）卒。学習院大学学生相談室、代々木の森診療所等のカウンセラーを経て、1996年、東京カウンセリングセンター（TCC）を設立。現在、所長。全国のカウンセラーに呼びかけて編纂した『こころの日曜日』（法研）は、シリーズ化されミリオンセラーとなっている。

著書に、『カウンセリング解体新書』『カウンセリング方法序説』（以上、日本評論社）、『図解「うつ」がわかって、「うつ」を治す本』（洋泉社）、『気持ちが楽になる　読むカウンセリング』『心が軽～くなる50のメッセージ』『こころがスーッと軽くなる本』『カウンセラーの「聴く力」』（以上、PHP研究所）他多数。

装丁 ――― 根本佐知子（梔図案室）
絵　 ――― matsu（マツモトナオコ）

[愛蔵版]こころがホッとする考え方

2018年11月1日　第1版第1刷発行

著　者　すがのたいぞう
発行者　後藤淳一
発行所　株式会社PHP研究所
東京本部　〒135-8137　江東区豊洲5-6-52
CVS制作部　☎03-3520-9658（編集）
普及部　☎03-3520-9630（販売）
京都本部　〒601-8411　京都市南区西九条北ノ内町11
PHP INTERFACE　https://www.php.co.jp/
組　版　朝日メディアインターナショナル株式会社
印刷所　共同印刷株式会社
製本所　東京美術紙工協業組合

ISBN978-4-569-84168-7